Curso
MAD360

La diferencia entre aprobar y sacar plaza

Operario/a de Limpieza Viaria

AYUNTAMIENTO DE FUENLABRADA

Accede a tu **Curso MAD360** y disfruta de los siguientes recursos:

- Técnicas de Memoria 360.
- MADTEST: Test nivel PRO.
- Temario en formato digital.
- Planificación de estudio.
- Foro entre opositores hasta la fecha del examen.*
- Recursos y novedades exclusivas.
- Consulta sobre la oposición y el proceso selectivo.
- Actualizaciones legislativas (Boletines Oficiales) hasta 60 días antes de la fecha del examen.*

Para acceder al Curso MAD360** será necesaria la compra de todos los libros para esta especialidad de la edición 2024.

Valida los códigos que encuentras en la última página de tus libros y disfruta de la experiencia MAD360.

Infórmate en: mad.es/registro-campus

NOTA IMPORTANTE:

* Examen de esta categoría profesional correspondiente a la convocatoria publicada en el BOCM n.º 123, de 24 de mayo de 2024, o hasta el 30 de junio del 2025, lo que se cumpla antes.

** El acceso al CURSO MAD360 estará disponible desde julio de 2024 (algunos recursos podrían estar disponibles en fecha posterior). Tendrá una duración de 365 días, desde la validación de códigos, o hasta el 31 de diciembre del 2025, lo que se cumpla antes.

MAD se reserva el derecho a ampliar dichas fechas.

Operario/a de Limpieza Viaria del Ayuntamiento de Fuenlabrada

Junio, 2024

Operario/a de Limpieza Viaria del Ayuntamiento de Fuenlabrada

Test del temario

Autores

FRANCISCO JESÚS TORRES FONSECA
LICENCIADO EN DERECHO

ANA MARÍA SERRANO BÁRCENA
LICENCIADA EN BIOLOGÍA

LIDIA PONCE MARTÍNEZ
LICENCIADA EN PSICOLOGÍA

JUAN MANUEL GIL RAMOS
LICENCIADO EN MEDICINA
MASTER EN SALUD AMBIENTAL

HERMINIA ANDRADES ROMERO
DIPLOMADA EN FISIOTERAPIA
TÉCNICA SUPERIOR EN IMAGEN PARA EL DIAGNÓSTICO
TÉCNICA SUPERIOR EN LABORATORIO DE ANÁLISIS CLÍNICO
PREVENCIONISTA DE RIESGOS LABORALES (GRADO INTERMEDIO)
AUXILIAR DE ENFERMERÍA

© 7 Editores Recursos para la Cualificación Profesional y el Empleo, S.L. (7 Editores)
© Los autores
Primera edición, junio 2024 (170 páginas)
Derechos de edición reservados a favor de 7 Editores
IMPRESO EN ESPAÑA
Diseño Portada: 7 Editores
Edita: 7 Editores
Avda. San Francisco Javier, 9 · Edificio Sevilla 2 · Planta 11 · Módulos 25-27 · 41018 Sevilla
Teléfono: 954 784 411 · WEB: www.mad.es · e-mail: administracion@7editores.com
ISBN: 978-84-142-8331-8
© "Editorial Mad" y "Eduforma" son nombres comerciales registrados de
7 Editores Recursos para la Cualificación Profesional y el Empleo, S.L.

Índice

**La Constitución española de 1978: estructura y contenido.
Derechos y deberes fundamentales**

1. ¿En qué se fundamenta la Constitución Española?

a) En un Estado social y democrático de Derecho.
b) En la indisoluble unidad de la Nación española.
c) En la independencia de los poderes del Estado.
d) En la organización territorial del Estado.

2. Según el artículo 3 de la CE, el castellano es la lengua oficial del Estado y todos los Españoles:

a) Tienen el deber de usar y el derecho de conocer el castellano.
b) Tienen el derecho y el deber de conocer el castellano.
c) Tienen el deber de conocer y el derecho de usar el castellano.
d) Tienen el derecho de conocer y usar el castellano.

3. La Constitución Española reconoce y garantiza el derecho a la autonomía:

a) De las nacionalidades que la integran.
b) De las regiones que la integran.
c) De las Comunidades Autónomas que la integran.
d) De las nacionalidades y regiones que la integran.

4. El Preámbulo de la Constitución:

a) Tiene en sí carácter de norma jurídica.
b) Es una declaración de intenciones, destinada a interpretar lo que se quiere alcanzar con el contenido normativo de la Constitución.
c) Se trata de un texto sin fuerza jurídica de obligar.
d) Las respuestas b) y c) son correctas.

5. Señala la afirmación correcta, respecto de la aprobación, ratificación y publicación de la Constitución Española:

a) Aprobada por las Cortes el 31 de octubre de 1978, ratificada por el pueblo en referéndum el 6 de diciembre de 1978 y publicada el 29 de diciembre de 1978.
b) Aprobada por las Cortes el 30 de octubre de 1978, ratificada por el pueblo en referéndum el 16 de diciembre de 1978 y publicada el 27 de diciembre de 1978.
c) Aprobada por las Cortes el 31 de octubre de 1978, ratificada por el pueblo en referéndum el 16 de diciembre de 1978 y publicada el 29 de diciembre de 1978.
d) Aprobada por las Cortes el 10 de octubre de 1978, ratificada por el pueblo en referéndum el 26 de diciembre de 1978 y publicada el 30 de diciembre de 1978.

6. ¿En qué parte de la Carta Magna se establece la exposición de motivos que impulsan la norma constitucional y los objetivos que con ella se pretenden alcanzar?

a) En el Título preliminar.
b) En el Preámbulo.
c) En el Título I.
d) En el Título II.

7. La Constitución Española fue sancionada por:

a) El Rey.
b) El Presidente del Congreso.
c) Las Cortes Generales.
d) El Presidente del Gobierno.

8. ¿Cuáles de los siguientes españoles de origen pueden ser privados de su nacionalidad?

a) Exclusivamente los miembros de grupos terroristas.
b) Los miembros de grupos terroristas y los que atenten contra el Rey u otro miembro de la Casa Real.
c) Los que atenten contra un miembro de la Familia Real o del Gobierno de la Nación.
d) Ningún español de origen podrá ser privado de su nacionalidad.

9. Según la CE son fundamentos del orden político y la paz social:

a) La dignidad de la persona, los derechos violables que les son inherentes y el respeto a la ley.
b) La dignidad de la persona, el desarrollo limitado de la personalidad y el respeto a la ley.
c) El respeto a la ley, a los reglamentos administrativos y demás disposiciones legales.
d) La dignidad de la persona, los derechos inviolables que le son inherentes, el libre desarrollo de su personalidad, el respeto a la ley y a los derechos de los demás.

10. ¿Cuál de los siguientes es considerado por la CE como uno de los valores superiores del ordenamiento jurídico?

a) La jerarquía normativa.
b) El pluralismo político.
c) La publicidad normativa.
d) La equidad.

11. La forma política del Estado español es:

a) Democracia parlamentaria.
b) Gobierno parlamentario.
c) Monarquía parlamentaria.
d) República democrática.

12. La parte de la CE que regula la estructura de los principales órganos del Estado recibe el nombre de:

a) Parte dogmática.
b) Parte orgánica.
c) Parte estatal.
d) Parte estructural.

13. Según la CE, la soberanía nacional:

a) Corresponde a las Cortes Generales, al estar compuestas por los representantes del pueblo.
b) Corresponde al Rey.
c) Reside en el pueblo español.
d) Corresponde al Gobierno de la Nación elegido directamente por el pueblo.

14. El derecho a la propiedad en nuestra Constitución es un Derecho:

a) Inherente a la condición humana.
b) Absoluto.
c) Limitado por la función social de la misma.
d) Ninguna de las respuestas anteriores es correcta.

15. ¿En qué parte de la Carta Magna se señalan los valores superiores del ordenamiento jurídico?

a) En el Preámbulo.
b) En el Título Preliminar.
c) En el Título I.
d) Ninguna respuesta es correcta.

16. ¿Cuál de las siguientes es una de las características de nuestra Constitución de 1978?

a) Consensuada.
b) Corta.
c) Conservadora.
d) Originalidad.

17. Son el fundamento del orden político y de la paz social:

a) El libre desarrollo de la personalidad.
b) Los derechos inviolables que les son inherentes.
c) El respeto a la ley y a los derechos de los demás.
d) Todas las respuestas son correctas.

18. ¿Qué quedará excluido de extradición?

a) Los delitos criminales.
b) Los delitos políticos.
c) Los actos de terrorismo.
d) Ninguno.

19. ¿Qué debe ser democrático, a tenor de lo dispuesto en la Constitución Española, en los sindicatos de trabajadores y las asociaciones empresariales?

a) Su funcionamiento.
b) Su estructura interna.
c) Su funcionamiento y estructura interna.
d) Sus órganos asamblearios.

20. ¿De cuántos Capítulos consta el Título I de la CE de 1978?

a) De tres.
b) De cinco.
c) De dos.
d) De cuatro.

21. Dispone la Carta Magna que todos contribuirán al sostenimiento de los gastos públicos de acuerdo con su capacidad económica mediante un sistema tributario justo inspirado en los principios de:

a) Legalidad y equidad.
b) Igualdad y progresividad.
c) Publicidad y legalidad.
d) Eficacia y sostenibilidad.

22. Las primeras elecciones democráticas celebradas en España tras la muerte de Franco tuvieron lugar en:

a) 1975.
b) 1976.
c) 1977.
d) 1978.

23. El referéndum en el que se aprobó popularmente la Constitución se llevó a efecto el:

a) 27 de diciembre de 1978.
b) 6 de diciembre de 1978.
c) 31 de octubre de 1978.
d) 29 de diciembre de 1979.

24. La ponencia encargada de redactar el borrador de la Constitución se constituyó en el:

a) Senado.
b) Senado y Congreso de los Diputados.
c) Congreso de los Diputados.
d) Gobierno de la Nación.

25. Si un poder público, en su actuación, infringe lo dispuesto en el Preámbulo de la Constitución:

a) Incurre en nulidad.
b) Incurre en inconstitucionalidad.
c) No pasa nada salvo que, como consecuencia de esa actuación, se infrinja un artículo de la propia Constitución.
d) Nada de lo anterior es cierto.

26. El principio en virtud del cual el ciudadano está amparado por una legislación no sujeta a continuos vaivenes es el de:

a) Legalidad.
b) Publicidad normativa.
c) Seguridad jurídica.
d) Jerarquía normativa.

27. El principio en virtud del cual un Reglamento no puede contradecir una ley es el de:

a) Legalidad.
b) Jerarquía normativa.

c) Las respuestas a) y b) son correctas.
d) Seguridad jurídica.

28. Según la Constitución, una norma que imponga una nueva pena más leve para un delito:

a) No se aplica retroactivamente.
b) Puede aplicarse retroactivamente.
c) Ha de ser reglamentaria.
d) Atenta contra el principio de legalidad penal si se aplica retroactivamente.

29. Todos los españoles, respecto al castellano, tienen el:

a) Derecho-deber de conocerlo.
b) Derecho de usar y deber de conocerlo.
c) Derecho-deber de usarlo.
d) Nada de lo anterior.

30. La capital del Estado en España es:

a) La propia de cada Comunidad Autónoma.
b) La villa de Madrid.
c) Aquella donde se establezca en cada momento el Gobierno de la Nación.
d) Aquella en la que resida generalmente el Rey.

31. Las Comunidades Autónomas deben usar o instalar la bandera española:

a) En sus edificios.
b) En los actos oficiales.
c) Cuando lo solicite el Delegado del Gobierno de la Nación en las mismas.
d) Cuando lo estimen oportuno.

32. Deben tener una estructura interna y un funcionamiento democrático los/las:

a) Partidos Políticos.
b) Colegios Profesionales.
c) Organizaciones Profesionales.
d) Todos ellos.

33. La defensa de la integridad territorial de España se atribuye por la Constitución a/al/a las:

a) Fuerzas y Cuerpos de Seguridad.
b) Fuerzas Armadas.
c) Gobierno de la Nación.
d) Todas las anteriores.

34. El derecho a la vida se consagra en el siguiente artículo de la Constitución:

a) 10.
b) 16.
c) 15.
d) 24.

35. La pena de muerte en España:

a) Ha quedado abolida.
b) Puede aplicarse en cualquier momento.
c) Solo se aplicará, en tiempo de guerra, a los militares.
d) Rige solo en el ámbito civil.

36. La inmediata puesta a disposición judicial derivada del *habeas corpus*, se produce por:

a) Detención ilegal.
b) Prisión ilegal.
c) Prisión preventiva.
d) Detención preventiva.

37. El proceso en el que se enjuicie a un presunto delincuente debe:

a) Ser sumario.
b) No dilatarse.
c) Entorpecer los instrumentos probatorios.
d) Nada de lo anterior es cierto.

38. La entrada en un domicilio en caso de flagrante delito, sin autorización de su titular:

a) Puede dar lugar a la aplicación del habeas corpus.
b) Requiere autorización previa de la autoridad judicial.
c) Puede efectuarse en todo momento.
d) No puede realizarse en momento alguno.

39. Cuando, al conocerse la comisión de un delito por una persona, se acude a su domicilio para detenerla:

a) Está obligada a franquear la entrada.
b) Se necesitará autorización judicial para entrar, si no da su consentimiento para ello.
c) Pese a que no dé su consentimiento, se puede entrar.
d) Nada de lo anterior es correcto.

40. La autorización previa para celebrar una manifestación pública:

a) La da el Subdelegado del Gobierno en la Provincia.
b) Es ineludible.
c) Sería inconstitucional.
d) Se da cuando no se prevean alteraciones al orden público, con peligro para personas o bienes.

41. El tipo de sufragio que consagra la Constitución es el:

a) Proporcional.
b) Universal.
c) Censitario.
d) Las respuestas a) y b) son correctas.

42. Además de la no autoinculpación, la Constitución prevé que no se está obligado a declarar sobre un hecho presuntamente delictivo en caso de:

a) Parentesco y afinidad.
b) Cláusula de conciencia.
c) Secreto profesional.
d) Las respuestas a) y b) son correctas.

43. Una vez declarado el estado de excepción no se puede suspender el derecho/libertad de:

a) Huelga.
b) Enseñanza.
c) Adopción de medidas de conflicto colectivo.
d) Libertad de circulación.

44. Durante el estado de excepción, un detenido conserva el derecho de/a:

a) Setenta y dos horas para ser puesto a disposición judicial.
b) Secreto de comunicaciones.
c) Asistencia de Letrado.
d) Ninguno de ellos.

45. Se puede suspender, con motivo de investigaciones relativas a bandas armadas, el derecho de:

a) Huelga.
b) Inviolabilidad del domicilio.
c) Libertad de circulación.
d) Las respuestas b) y c) son correctas.

Solución al test n.º 1

1. b) En la indisoluble unidad de la Nación española.

2. c) Tienen el deber de conocer y el derecho de usar el castellano.

3. d) De las nacionalidades y regiones que la integran.

4. d) Las respuestas b) y c) son correctas.

5. a) Aprobada por las Cortes el 31 de octubre de 1978, ratificada por el pueblo en referéndum el 6 de diciembre de 1978 y publicada el 29 de diciembre de 1978.

6. b) En el Preámbulo.

7. a) El Rey.

8. d) Ningún español de origen podrá ser privado de su nacionalidad.

9. d) La dignidad de la persona, los derechos inviolables que le son inherentes, el libre desarrollo de su personalidad, el respeto a la ley y a los derechos de los demás.

10. b) El pluralismo político.

11. c) Monarquía parlamentaria.

12. b) Parte orgánica.

13. c) Reside en el pueblo español.

14. c) Limitado por la función social de la misma.

15. b) En el Título Preliminar.

16. a) Consensuada.

17. d) Todas las respuestas son correctas.

18. b) Los delitos políticos.

19. c) Su funcionamiento y estructura interna.

20. b) De cinco.

21. b) Igualdad y progresividad.

22. c) 1977.

23. b) 6 de diciembre de 1978.

24. c) Congreso de los Diputados.

25. c) No pasa nada, salvo que, como consecuencia de esa actuación, se infrinja un artículo de la propia Constitución.

26. c) Seguridad jurídica.

27. c) Las respuestas a) y b) son correctas.

28. b) Puede aplicarse retroactivamente.

29. b) Derecho de usar y deber de conocerlo.

30. b) La villa de Madrid.

31. b) En los actos oficiales.

32. d) Todos ellos.

33. b) Fuerzas Armadas.

34. c) 15.

35. a) Ha quedado abolida.

36. a) Detención ilegal.

37. b) No dilatarse.

38. c) Puede efectuarse en todo momento.

39. b) Se necesitará autorización judicial para entrar, si no da su consentimiento para ello.

40. c) Sería inconstitucional.

41. b) Universal.

42. c) Secreto profesional.

43. b) Enseñanza.

44. c) Asistencia de Letrado.

45. b) Inviolabilidad del domicilio.

El municipio: concepto, elementos, organización y competencias

1. Entre las potestades y prerrogativas que tienen los municipios se encuentran:

a) La tributaria y financiera.
b) De revisión de oficio de sus actos y acuerdos.
c) Expropiatoria.
d) Todas las respuestas son correctas.

2. Los elementos del Municipio son:

a) El territorio, la población y la financiación.
b) El territorio, las instituciones y la organización.
c) La organización, la autonomía y el territorio.
d) La población, la organización y el territorio.

3. Según el Reglamento de Población y Demarcación Territorial de las Entidades Locales el término municipal es:

a) El territorio en que el Ayuntamiento ejerce su jurisdicción.
b) El territorio en que el Ayuntamiento ejerce sus competencias.
c) El territorio en que el Ayuntamiento ejerce su política.
d) Las respuestas b) y c) son correctas.

4. De acuerdo con lo dispuesto en la Ley de Bases de Régimen Local:

a) La creación de nuevos municipios solo podrá realizarse sobre la base de núcleos de población territorialmente diferenciados, de al menos 25.000 habitantes.
b) La creación de nuevos municipios solo podrá realizarse sobre la base de núcleos de población territorialmente diferenciados, de al menos 4.000 habitantes.
c) La creación de nuevos municipios solo podrá realizarse sobre la base de núcleos de población territorialmente diferenciados, de al menos 3.000 habitantes.
d) La creación de nuevos municipios solo podrá realizarse sobre la base de núcleos de población territorialmente diferenciados, de al menos 250.000 habitantes.

5. ¿La alteración de términos municipales podrá suponer la modificación de los límites provinciales?

a) Solo en casos excepcionales.

b) En ningún caso.

c) Cuando concurran los requisitos establecidos en la ley.

d) Sí.

6. En los casos de fusión de municipios:

a) El nuevo municipio se subrogará en todos los derechos y obligaciones de los anteriores municipios.

b) El nuevo municipio resultante de la fusión no podrá segregarse hasta transcurridos cien años.

c) El órgano del gobierno del nuevo municipio resultante estará constituido transitoriamente por la suma de los concejales de los municipios fusionados.

d) Las respuestas a) y c) son correctas.

7. Son derechos y deberes de los vecinos:

a) Contribuir mediante la aportación de sus bienes inmuebles a la realización de las competencias municipales.

b) Exigir la prestación y, en su caso, el establecimiento del correspondiente servicio público, en el supuesto de constituir una competencia municipal propia aunque no sea de carácter obligatorio.

c) Acceder a los aprovechamientos comunales.

d) Ejercer la iniciativa individual en los términos previstos en el art. 70 bis de la Ley de Bases de Régimen Local.

8. La inscripción de los extranjeros en el Padrón municipal:

a) Constituirá prueba de su residencia legal en España.

b) Iniciará el expediente de adquisición de la nacionalidad española.

c) No les atribuirá ningún derecho que no les confiera la legislación vigente.

d) Permitirá obtener un permiso de trabajo.

9. El padrón municipal es:

a) La base de datos donde constan los nombres de los vecinos.

b) El registro administrativo donde solo constan los domicilios de los vecinos.

c) El registro administrativo donde constan los vecinos de un municipio.

d) El registro administrativo donde solo constan los domicilios de los extranjeros del municipio.

10. La inscripción en el Padrón municipal contendrá como obligatorios los siguientes datos:

a) Las matrículas de los vehículos de los vecinos.

b) El número de identificación de los aparatos tecnológicos existentes en cada casa.

c) Los ascendientes que habitan en cada casa.
d) Ninguna de las respuestas es correcta.

11. Quien viva en varios Municipios:

a) Deberá inscribirse únicamente en el Padrón municipal del municipio en el que habite durante más tiempo al año.
b) Deberá inscribirse únicamente en el Padrón municipal del municipio en el que tenga su lugar de trabajo.
c) Deberá inscribirse únicamente en el Padrón municipal del municipio en el que haya nacido.
d) Deberá inscribirse en el Padrón municipal de todos los municipios.

12. ¿Existe Padrón de españoles residentes en el extranjero?

a) Sí.
b) No.
c) Sí, y su formación se realizará por la Administración General del Estado.
d) Solo para aquellos que se encuentren en la Unión Europea.

13. Funcionan en régimen de Concejo Abierto:

a) Los municipios de menos de 200 habitantes.
b) Los municipios de menos de 300 habitantes.
c) Los municipios de menos de 500 habitantes.
d) Los municipios que tradicional y voluntariamente cuenten con ese singular régimen de gobierno y administración.

14. La organización municipal responde a las siguientes reglas:

a) El Alcalde, los Tenientes de Alcalde y el Pleno existen en todos los Ayuntamientos.
b) El Alcalde, la Junta de Gobierno y el Pleno existen en todos los Ayuntamientos.
c) El Alcalde y el Pleno existen en todos los Ayuntamientos.
d) El Alcalde y la Junta de Gobierno existen en todos los Ayuntamientos.

15. La Comisión Especial de Cuentas:

a) Existe en todos los municipios.
b) Existe en los municipios en que así se acuerde.
c) Existe en los municipios de más de 1000 habitantes.
d) Ninguna de las respuestas es correcta.

16. De acuerdo con la Ley Orgánica de Régimen Electoral será proclamado alcalde electo:

a) El Concejal que haya obtenido la mayoría simple de los votos de los concejales.
b) El Concejal que encabece la lista que haya obtenido mayor número de votos populares.

c) El Concejal que haya obtenido la mayoría absoluta de los votos de los concejales.
d) El Concejal que haya ganado el sorteo.

17. Los alcaldes tendrán tratamiento de:

a) Ilustrísima en los municipios de Madrid y Barcelona.
b) Excelencia en los municipios que sean capitales de provincia.
c) Señoría en los municipios que no sean capitales de provincia ni las ciudades de Madrid y Barcelona.
d) Ilustrísima en todos los municipios.

18. La cuestión de confianza a la que podrá ser sometido el Alcalde se puede vincular a:

a) La aprobación o modificación de los Presupuestos anuales.
b) La aprobación o modificación del Reglamento Orgánico.
c) La aprobación o modificación de las Ordenanzas Fiscales.
d) Todas las respuestas son verdaderas.

19. No es una atribución del Alcalde:

a) Aprobar la oferta de empleo público.
b) La aprobación del reglamento orgánico y de las ordenanzas.
c) Dictar Bandos.
d) Ejercer la jefatura de la Policía Municipal.

20. Es una atribución del Pleno del Ayuntamiento:

a) La alteración de la calificación jurídica de los bienes de dominio público.
b) La aprobación inicial de las leyes.
c) Desempeñar la jefatura superior de todo el personal.
d) Ordenar la publicación, ejecución y hacer cumplir los acuerdos del Ayuntamiento.

21. La Junta de Gobierno Local se integra por el Alcalde y un número de Concejales:

a) No superior al tercio del número legal de los mismos.
b) No superior a la mitad del número legal de los mismos.
c) No superior a dos tercios del número legal de los mismos.
d) Ninguna de las respuestas es correcta.

22. El régimen peculiar para los Municipios de gran población será aplicable:

a) A los municipios que sean capitales autonómicas.
b) A los municipios cuya población supere los 50.000 habitantes.
c) A los municipios cuya población supere los 150.000 habitantes.
d) Las respuestas a) y b) son correctas.

23. En los municipios de gran población corresponde a la Junta de Gobierno:

a) La aprobación y modificación de las ordenanzas y reglamentos municipales.
b) La aprobación del proyecto de presupuesto.
c) Los acuerdos relativos a la participación en organizaciones supramunicipales.
d) Dictar bandos, decretos e instrucciones.

24. En los municipios de gran población tendrán la consideración de órganos directivos:

a) El Alcalde.
b) El titular de la asesoría jurídica.
c) Los miembros de la Junta de Gobierno Local.
d) Las respuestas a) y c) son correctas.

25. En los municipios de gran población para la defensa de los derechos de los vecinos ante la Administración municipal el Pleno creará:

a) Un órgano de gestión económico-financiera.
b) Una Comisión especial de Sugerencias y Reclamaciones.
c) Un órgano para la resolución de las reclamaciones económico-administrativas.
d) Un órgano de gestión tributaria.

26. En los municipios de gran población el dictamen sobre los proyectos de ordenanzas fiscales corresponderá a:

a) Un órgano de gestión económico-financiera.
b) Una Comisión especial de Sugerencias y Reclamaciones.
c) Un órgano para la resolución de las reclamaciones económico-administrativas.
d) Un órgano de gestión tributaria.

27. El Municipio no ejercerá como competencia propia:

a) Tráfico, estacionamiento de vehículos y movilidad.
b) Abastecimiento de agua potable a domicilio.
c) Administración de Justicia.
d) Cementerios y actividades funerarias.

28. El servicio de transporte colectivo urbano de viajeros deberá prestarse en todo caso:

a) En los Municipios con población superior a 5.000 habitantes.
b) En todos los Municipios.
c) En los Municipios con población superior a 50.000 habitantes.
d) En los Municipios con población superior a 20.000 habitantes.

29. El servicio de prevención y extinción de incendios deberá prestarse en todo caso:

a) En los Municipios con población superior a 50.000 habitantes.
b) En los Municipios con población superior a 5.000 habitantes.
c) En los Municipios con población superior a 20.000 habitantes.
d) En todos los Municipios.

30. El servicio de recogida de residuos deberá prestarse en todo caso:

a) En los Municipios con población superior a 20.000 habitantes.
b) En los Municipios con población superior a 5.000 habitantes.
c) En todos los Municipios.
d) En los Municipios con población superior a 50.000 habitantes.

31. La personalidad jurídica de los Municipios, según la Constitución Española, es:

a) Propia.
b) Plena.
c) Reconocida por el Ente que los crea.
d) Dependiente de su autonomía.

32. Según nuestra Constitución, los Concejales no son elegidos por sufragio:

a) Universal.
b) Igual.
c) Paritario.
d) Libre.

33. La pertenencia de un Municipio a dos Provincias:

a) Se admite excepcionalmente.
b) Ha de estar prevista en norma con rango de ley.
c) Está prohibida en nuestro ordenamiento jurídico.
d) Las respuestas a) y b) son ciertas.

34. La división del término municipal en distritos, barrios, etc., es competencia del/de la:

a) Instituto Geográfico Nacional.
b) Diputación Provincial.
c) Ayuntamiento respectivo.
d) Comunidad Autónoma.

35. Para ser vecino de un Municipio:

a) Hay que estar empadronado como tal en él.
b) Basta con la residencia habitual en el mismo.

c) No es necesario ser mayor de edad.
d) Debe saberse leer y escribir.

36. No es posible la consulta popular en la siguiente materia:

a) Sobre competencias municipales.
b) Hacienda Local.
c) Servicios municipales.
d) Es factible en todas ellas.

37. En el ámbito local el único órgano que puede someter a consulta popular un asunto es el:

a) Presidente de la Diputación Provincial.
b) Alcalde.
c) Gobierno de la Nación.
d) Pleno de cada Entidad Local.

38. En el Padrón no debe constar respecto de un vecino su:

a) Sexo.
b) Domicilio habitual.
c) Lugar de nacimiento.
d) Debe figurar todo lo anterior.

39. El Consejo de Empadronamiento está adscrito al/a la:

a) Presidencia del Gobierno de la Nación.
b) Ministerio del Interior.
c) Ministerio de Economía, Comercio y Empresa.
d) Ministerio de la Presidencia, Justicia y Relaciones con las Cortes.

40. La confección del Padrón de españoles residentes en el extranjero es competencia del/de la:

a) Ayuntamiento de su último domicilio en España.
b) Comunidad Autónoma donde hubieren nacido.
c) Administración General del Estado.
d) Embajada o Consulado español en el país en que residan.

41. Las directrices e instrucciones técnicas para la formación, mantenimiento y rectificación del Padrón corresponde emanarlas al/a la:

a) Propio Ayuntamiento Pleno.
b) Administración General del Estado.
c) Comunidad Autónoma.
d) Alcalde.

42. La organización municipal complementaria que establezca una Comunidad Autónoma con carácter general, respecto a los Municipios de la misma:

a) Se aplica preferentemente a la establecida con tal carácter por el Estado.
b) Se aplica preferentemente a la establecida por el Reglamento Orgánico de cada Municipio.
c) Se aplica después de la del Estado y la del Reglamento Orgánico.
d) Las respuestas a) y b) son ciertas.

43. La elección de un Alcalde, tras unas elecciones locales, se efectúa:

a) Directamente en las elecciones locales.
b) En sesión extraordinaria al efecto.
c) En la sesión constitutiva de la Corporación.
d) Por los vecinos exclusivamente.

44. La destitución del Presidente de una Corporación Local se efectúa a través de la:

a) Renuncia.
b) Cuestión de confianza.
c) Moción de censura.
d) Las respuestas b) y c) son ciertas.

45. ¿Se puede presentar más de una moción de censura contra el mismo Presidente de una Entidad Local?

a) Sí, cuando prospere una de ellas.
b) Solo en distintos períodos de sesiones.
c) Depende del Reglamento Orgánico de la Entidad.
d) Nada de lo expuesto es cierto.

46. En una moción de censura contra un Presidente de una Entidad Local, puede ser candidato:

a) Los cabezas de lista.
b) Los portavoces de los Grupos Políticos.
c) Cualquier Concejal cuya aceptación expresa conste en el escrito de proposición de la moción.
d) Ninguno de los anteriores.

47. En el caso de que la cuestión de confianza planteada por un Alcalde no obtuviera el número necesario de votos favorables para la aprobación del acuerdo:

a) Quedan cesados todos sus miembros.
b) El Alcalde cesará automáticamente, quedando en funciones hasta la toma de posesión de quien hubiere de sucederle en el cargo.
c) Se nombra como tal al primer Teniente de Alcalde.
d) Se hace una nueva sesión constitutiva, tras la celebración de elecciones.

48. La convocatoria de consultas populares debe autorizarla el/la:

a) Gobierno de la Nación.
b) Presidente de la Corporación.
c) Comunidad Autónoma.
d) Ninguno de ellos.

49. La denominada competencia residual, en virtud de la cual se le atribuyen aquellas competencias que no estén expresamente asignadas a otro órgano, la tiene en un Ayuntamiento el/la/las:

a) Pleno.
b) Comisiones Informativas.
c) Presidente.
d) Junta de Gobierno Local.

50. Las cuestiones que se susciten entre Municipios sobre deslinde de sus términos municipales serán resueltas por:

a) La correspondiente Comunidad Autónoma.
b) El Gobierno de España.
c) Las Diputaciones Provinciales.
d) El Consejo de Estado.

51. El voto de calidad del Presidente de una Corporación Local:

a) Inclina la votación al sector en el que él haya votado, en caso de empate producido en la reunión de un órgano colegiado.
b) Da fe del resultado de la votación.
c) Significa que es muy importante quien emite el voto.
d) Provoca la irrecurribilidad del acuerdo adoptado.

52. La aprobación del proyecto de presupuesto en un Municipio de gran población es competencia del/de la:

a) Presidente.
b) Junta de Gobierno Local.
c) Pleno.
d) Comunidad Autónoma.

53. La delegación de competencias de un Alcalde:

a) Se efectúa por acuerdo de Pleno.
b) Se reviste formalmente en forma de Decreto de dicho Pleno.
c) Se puede dar en todo tipo de materias.
d) Nada de lo anterior es correcto.

54. Los nombramientos de funcionarios en los Ayuntamientos de Municipios de régimen común corresponden al/a la:

a) Pleno.
b) Junta de Gobierno Local.
c) Presidente.
d) Delegado de Personal.

55. La aprobación de las formas de gestión de los servicios públicos en los Ayuntamientos de Municipios de régimen común corresponde genuinamente al/a la:

a) Pleno.
b) Presidente.
c) Junta de Gobierno Local.
d) Comunidad Autónoma respectiva.

56. En un Municipio de 7.000 habitantes, ¿cuántos Concejales habrá de elegirse para su Ayuntamiento?

a) Siete.
b) Diez.
c) Trece.
d) Quince.

57. La representación del Ayuntamiento compete al/a la/a los:

a) Alcalde.
b) Pleno.
c) Junta de Gobierno Local.
d) Tenientes de Alcalde en su ámbito competencial respectivo.

58. La Relación de Puestos de un Ayuntamiento de un Municipio de gran población la aprueba el/la:

a) Junta de Personal.
b) Pleno.
c) Alcalde.
d) Junta de Gobierno Local.

59. Conceder gratificaciones al personal en Ayuntamientos de Municipios de régimen común es competencia del/de la:

a) Pleno.
b) Presidente.
c) Junta de Gobierno Local.
d) Junta de Personal.

60. El ejercicio normal de acciones judiciales compete en un Municipio de gran población al/a la/a los:

a) Presidente.
b) Pleno.
c) Junta de Gobierno Local.
d) Anteriores, en las materias de sus respectivas competencias.

61. Señala cuál de los siguientes puede ser una forma de organización descon-centrada del Municipio, para la administración de núcleos de población separados, sin personalidad jurídica:

a) Parroquia.
b) Pedanía.
c) Aldea.
d) Todos los anteriores pueden serlo.

62. La Junta de Gobierno Local de un Ayuntamiento de Municipio de régimen común tiene, además del Presidente, los siguientes miembros como máximo:

a) Diez.
b) Depende del número de habitantes.
c) Dos tercios del de la Corporación.
d) Un tercio de estos.

63. Los Concejales-Delegados se nombran por el/la:

a) Presidente.
b) Pleno.
c) Grupo Político.
d) Junta de Gobierno Local.

64. Cuando un Teniente de Alcalde sustituye al Alcalde en una sesión, en la deliberación y votación de un asunto en el que el sustituido debe abstenerse:

a) Tiene un doble voto.
b) Preside circunstancialmente la misma.
c) No puede votar.
d) No puede hacerlo.

65. El Pleno, respecto del nombramiento de los Tenientes de Alcalde:

a) Es oído previamente.
b) Toma conocimiento.
c) Lo aprueba.
d) No tiene nada que hacer.

66. El régimen retributivo de los órganos directivos municipales en un Municipio de gran población se establece por el/la:

a) Concejal-Delegado de Personal.
b) Alcalde.
c) Pleno.
d) Junta de Gobierno Local.

67. Los representantes personales en poblados y barriadas se dan solo en:

a) Los Municipios.
b) Las Provincias.
c) Las Islas menores.
d) Todas las respuestas son correctas.

68. La Comisión Especial de Cuentas es un órgano:

a) Necesario.
b) Complementario y, por lo tanto, facultativo.
c) Voluntario.
d) Decisorio.

69. Las Juntas Municipales de Distrito son creadas por el/la/los:

a) Comunidad Autónoma de que se trate.
b) Consejos Sectoriales.
c) Pleno del Ayuntamiento de que dependan.
d) Alcalde, a quien corresponde el nombramiento de sus integrantes.

70. Los grupos políticos de una Entidad Local deben estar representados forzosamente en la/los:

a) Comisión Especial de Cuentas.
b) Órganos desconcentrados.
c) Consejos Sectoriales.
d) Todas las respuestas son correctas.

71. Tiene carácter transitorio en el mandato de una Corporación Local el/la/las:

a) Comisiones Informativas Especiales.
b) Comisión Especial de Cuentas.
c) Pleno.
d) Comisiones Informativas en general.

72. El órgano complementario que se constituye con y sin miembros de la Corporación para tratar colegiadamente asuntos que afectan a materias concretas de la actividad y competencia de un Municipio se llama:

a) Comisión Informativa.
b) Consejo Sectorial.
c) Junta Municipal de Distrito.
d) Comisión Especial de Cuentas.

73. Los Consejos Sectoriales se presiden por el:

a) Presidente de la Corporación.
b) Miembro de esta que designe el Pleno.
c) Miembro de esta que designe el Presidente.
d) Elegido por y entre sus miembros.

74. Para ser representante personal del Alcalde en una barriada se requiere:

a) Elección por el Pleno.
b) Ser elegido en las elecciones locales por esa circunscripción.
c) Pertenecer al grupo de gobierno municipal.
d) Vivir en ella.

75. La protección civil es servicio mínimo a prestar por los Municipios de más de:

a) 5.000 habitantes.
b) 20.000 habitantes.
c) 50.000 habitantes.
d) Las respuestas b) y c) son ciertas.

76. No es servicio mínimo de un Ayuntamiento de menos de 5.000 habitantes el de:

a) Acceso a los núcleos de población.
b) Alumbrado público.
c) Transporte colectivo urbano de viajeros.
d) Recogida de residuos.

77. Es servicio mínimo de un Ayuntamiento de menos de 5.000 habitantes el de:

a) Servicios funerarios.
b) Medio ambiente urbano.
c) Extinción de incendios.
d) Limpieza viaria.

78. El transporte colectivo urbano de viajeros debe prestarse obligatoriamente en los Municipios de más de:

a) 5.000 habitantes.
b) 10.000 habitantes.
c) 20.000 habitantes.
d) 50.000 habitantes.

79. La evaluación e información de situaciones de necesidad social y la atención inmediata a personas en situación o riesgo de exclusión social, debe prestarse en los Municipios que tengan una población, como mínimo, superior a:

a) 50.000 habitantes.
b) 5.000 habitantes.
c) 20.000 habitantes.
d) 100.000 habitantes.

80. Si se plantea un conflicto de competencias entre dos Ayuntamientos de distintas Provincias de una misma Comunidad Autónoma, se resuelve por el/la/las:

a) Pleno de cada uno de ellos.
b) Ministerio de la Presidencia, Justicia y Relaciones con las Cortes.
c) Respectivas Diputaciones Provinciales.
d) Comunidad Autónoma.

Solución al test n.º 2

1. d) Todas las respuestas son correctas.

2. d) La población, la organización y el territorio.

3. b) El territorio en que el Ayuntamiento ejerce sus competencias.

4. b) La creación de nuevos municipios solo podrá realizarse sobre la base de núcleos de población territorialmente diferenciados, de al menos 4.000 habitantes.

5. b) En ningún caso.

6. d) Las respuestas a) y c) son correctas.

7. c) Acceder a los aprovechamientos comunales.

8. c) No les atribuirá ningún derecho que no les confiera la legislación vigente.

9. c) El registro administrativo donde constan los vecinos de un municipio.

10. d) Ninguna de las respuestas es correcta.

11. a) Deberá inscribirse únicamente en el Padrón municipal del municipio en el que habite durante más tiempo al año.

12. c) Sí, y su formación se realizará por la Administración General del Estado.

13. d) Los municipios que tradicional y voluntariamente cuenten con ese singular régimen de gobierno y administración.

14. a) El Alcalde, los Tenientes de Alcalde y el Pleno existen en todos los Ayuntamientos.

15. a) Existe en todos los municipios.

16. c) El Concejal que haya obtenido la mayoría absoluta de los votos de los concejales.

17. c) Señoría en los municipios que no sean capitales de provincia ni las ciudades de Madrid y Barcelona.

18. d) Todas las respuestas son verdaderas.

19. b) La aprobación del reglamento orgánico y de las ordenanzas.

20. a) La alteración de la calificación jurídica de los bienes de dominio público.

21. a) No superior al tercio del número legal de los mismos.

22. a) A los municipios que sean capitales autonómicas.

23. b) La aprobación del proyecto de presupuesto.

24. b) El titular de la asesoría jurídica.

25. b) Una Comisión especial de Sugerencias y Reclamaciones.

26. c) Un órgano para la resolución de las reclamaciones económico-administrativas.

27. c) Administración de Justicia.

28. c) En los Municipios con población superior a 50.000 habitantes.

29. c) En los Municipios con población superior a 20.000 habitantes.

30. c) En todos los Municipios.

31. b) Plena.

32. c) Paritario.

33. c) Está prohibida en nuestro ordenamiento jurídico.

34. c) Ayuntamiento respectivo.

35. a) Hay que estar empadronado como tal en él.

36. b) Hacienda Local.

37. b) Alcalde.

38. d) Debe figurar todo lo anterior.

39. c) Ministerio de Economía, Comercio y Empresa

40. c) Administración General del Estado.

41. b) Administración General del Estado.

42. b) Se aplica preferentemente a la establecida por el Reglamento Orgánico de cada Municipio.

43. c) En la sesión constitutiva de la Corporación.

44. d) Las respuestas b) y c) son ciertas.

45. d) Nada de lo expuesto es cierto.

46. c) Cualquier Concejal cuya aceptación expresa conste en el escrito de proposición de la moción.

47. b) El Alcalde cesará automáticamente, quedando en funciones hasta la toma de posesión de quien hubiere de sucederle en el cargo.

48. a) Gobierno de la Nación.

49. c) Presidente.

50. a) La correspondiente Comunidad Autónoma.

51. a) Inclina la votación al sector en el que él haya votado, en caso de empate producido en la reunión de un órgano colegiado.

52. b) Junta de Gobierno Local.

53. d) Nada de lo anterior es correcto.

54. c) Presidente.

55. a) Pleno.

56. c) Trece.

57. a) Alcalde.

58. d) Junta de Gobierno Local.

59. b) Presidente.

60. d) Anteriores, en las materias de sus respectivas competencias.

61. d) Todos los anteriores pueden serlo.

62. d) Un tercio de estos.

63. a) Presidente.

64. b) Preside circunstancialmente la misma.

65. b) Toma conocimiento.

66. c) Pleno.

67. a) Los Municipios.

68. a) Necesario.

69. c) Pleno del Ayuntamiento de que dependan.

70. a) Comisión Especial de Cuentas.

71. a) Comisiones Informativas Especiales.

72. b) Consejo Sectorial.

73. c) Miembro de esta que designe el Presidente.

74. d) Vivir en ella.

75. b) 20.000 habitantes.

76. c) Transporte colectivo urbano de viajeros.

77. d) Limpieza viaria.

78. d) 50.000 habitantes.

79. c) 20.000 habitantes.

80. d) Comunidad Autónoma.

El personal al servicio de las Administraciones Públicas: tipología. Derechos y deberes de los empleados públicos. Régimen disciplinario. Sistema retributivo

1. El Real Decreto Legislativo 5/2015, de 30 de octubre, por el que se aprueba el texto refundido de la Ley del Estatuto Básico del Empleado Público (EBEP) contiene:

a) Aquello que es común al conjunto de los empleados públicos de todas las Administraciones Públicas.

b) Las normas legales específicas aplicables a los empleados públicos de todas las Administraciones Públicas.

c) Aquello que es común al conjunto de los funcionarios de todas las Administraciones Públicas, más las normas legales específicas aplicables al personal laboral a su servicio.

d) Aquello que es común al conjunto del personal laboral de todas las Administraciones Públicas, más las normas legales específicas aplicables al personal funcionario a su servicio.

2. Para todo el personal de las Administraciones Públicas no incluido en su ámbito de aplicación, el EBEP tendrá carácter:

a) Consultivo.
b) Voluntario.
c) Supletorio.
d) Interpretativo.

3. Es un principio de actuación del EBEP:

a) La jerarquía en la atribución, ordenación y desempeño de las funciones y tareas.
b) La negociación en la atribución, ordenación y desempeño de las funciones y tareas.
c) La participación en la atribución, ordenación y desempeño de las funciones y tareas.
d) La promoción en la atribución, ordenación y desempeño de las funciones y tareas.

4. Según el artículo 1.3 del Texto Refundido de la Ley del Estatuto Básico del Empleado Público, uno de los fundamentos de actuación reflejados por el EBEP es:

a) Eficacia y calidad en la gestión.
b) Transparencia y participación en la gestión.

c) Libertad e independencia en la gestión.
d) Evaluación y responsabilidad en la gestión.

5. El artículo 8 del Texto Refundido de la Ley del Estatuto Básico del Empleado Público, aprobado por el Real Decreto Legislativo 5/2015, de 30 de octubre, define como aquellos quienes desempeñan funciones retribuidas en las Administraciones Públicas al servicio de los intereses generales:

a) A los Funcionarios públicos.
b) A los Empleados públicos.
c) Al Personal laboral de las Administraciones Públicas.
d) Al personal estatutario.

6. El Texto Refundido de la Ley del Estatuto Básico del Empleado Público establece cuatro tipos de empleados públicos, entre los que no figura:

a) Funcionarios interinos.
b) Personal laboral.
c) Personal militar.
d) Personal eventual.

7. Según el EBEP, hay dos tipos de funcionarios:

a) Civiles y militares.
b) De carrera e interinos.
c) Fijos y eventuales.
d) Indefinidos o temporales.

8. Corresponden en exclusiva a los funcionarios públicos, en los términos que en la ley de desarrollo de cada Administración Pública se establezca, el ejercicio de funciones:

a) Directivas.
b) Que impliquen la participación directa o indirecta en el ejercicio de las potestades públicas.
c) Del ámbito militar, de la Justicia o de la Hacienda Pública.
d) Que impliquen la participación directa (no la indirecta), en la salvaguardia de los intereses generales del Estado.

9. Las leyes de Función Pública que se dicten en desarrollo del EBEP podrán prever el nombramiento de personal interino para la ejecución de programas de carácter temporal con una duración de hasta:

a) 2 años.
b) 3 años.
c) 4 años.
d) 5 años.

10. ¿Es aplicable a los funcionarios interinos el régimen general de los funcionarios de carrera?

a) Sí, en todo caso, independientemente de que el nombramiento tenga o no carácter extraordinario y urgente.
b) No, en ningún caso. Tienen su propio régimen general.
c) Sí, en cuanto sea adecuado a la naturaleza de su condición y al carácter extraordinario y urgente de su nombramiento, salvo aquellos derechos inherentes a la condición de funcionario de carrera.
d) No, se rigen por un convenio colectivo de carácter estatal.

11. Son funcionarios interinos los que son nombrados como tales para el desempeño de funciones propias de funcionarios de carrera por razones expresamente justificadas de necesidad y/e:

a) Urgencia.
b) Interés.
c) Conveniencia.
d) Oportunidad.

12. El personal laboral al servicio de las Administraciones Públicas NO puede desempeñar puestos:

a) Correspondientes a áreas de actividades que requieran conocimientos técnicos especializados.
b) En el extranjero con funciones administrativas de trámite y colaboración y auxiliares, aunque comporten manejo de máquinas, archivo y similares.
c) Cuyas actividades sean propias de oficios.
d) Que impliquen la participación directa o indirecta en la salvaguardia de los intereses generales del Estado y de las Administraciones Públicas.

13. Señala la respuesta incorrecta. Según el artículo 11 del Estatuto Básico del Empleado Público, el personal laboral, en función de la duración del contrato, podrá ser:

a) Temporal.
b) Por tiempo indefinido.
c) Fijo.
d) Eventual.

14. El número de puestos cubiertos por personal eventual:

a) Es indefinido e ilimitado.
b) Está limitado por un máximo establecido por los respectivos órganos de gobierno.
c) Está limitado a tres por cada órgano superior de la Administración Pública.
d) No puede hacerse público, puesto que se trata de personal de confianza.

15. Las condiciones retributivas del personal eventual serán:

a) Las mismas del personal funcionario de carrera.
b) Secretas.
c) Públicas.
d) Las mismas del personal funcionario interino.

16. Es personal eventual el que, en virtud de nombramiento y con carácter no permanente, solo realiza funciones expresamente calificadas como de confianza o:

a) Reservadas.
b) Seguridad.
c) De asesoramiento especial.
d) De asesoramiento general.

17. En todo caso, el personal eventual cesará:

a) Cuando transcurran 4 años ininterrumpidos desde su nombramiento.
b) Cuando concluya la tarea por la que fue designado.
c) Cuando se produzca el cese de la autoridad a la que se preste la función de confianza o asesoramiento.
d) Cuando exista personal funcionario de carrera que pueda ejercer sus funciones.

18. La condición de personal eventual:

a) Constituye mérito para el acceso a la Función Pública y para la promoción interna.
b) Constituye mérito para el acceso a la Función Pública pero no para la promoción interna.
c) No constituye mérito para el acceso a la Función Pública pero sí para la promoción interna.
d) No podrá constituir mérito para el acceso a la Función Pública o para la promoción interna.

19. La designación del personal directivo de las Administraciones Públicas se llevará a cabo mediante procedimientos que garanticen:

a) La publicidad y concurrencia.
b) La idoneidad.
c) El mérito y la capacidad.
d) El control de resultados.

20. La designación de personal directivo en las Administraciones Públicas atenderá a principios de:

a) Mérito y capacidad.
b) Publicidad y concurrencia.
c) Idoneidad.
d) Antigüedad y buen comportamiento.

21. Según el artículo 47 del EBEP, la jornada de trabajo de los funcionarios públicos podrá ser:

a) Ordinaria o extraordinaria.
b) Continua o partida.
c) En turno de mañana, en turno de tarde o en turno de noche.
d) A tiempo completo o a tiempo parcial.

22. Por accidente grave de un familiar de primer grado de consanguinidad o afinidad, los funcionarios públicos tendrán derecho a un permiso de:

a) 2 días hábiles.
b) 3 días hábiles.
c) 4 días hábiles.
d) 5 días hábiles.

23. Por acogimiento temporal de un menor discapacitado, el funcionario tendrá derecho a un permiso de una duración de:

a) Cuatro semanas.
b) Diez semanas.
c) Dieciséis semanas.
d) Dieciocho semanas.

24. Completar la siguiente frase: "Los empleados públicos tienen derecho a la negociación colectiva, representación y .... para la determinación de sus condiciones de trabajo":

a) Evaluación del desempeño.
b) Huelga.
c) Participación institucional.
d) Convenio.

25. Quedan excluidas de la obligatoriedad de la negociación colectiva:

a) Las normas que fijen los criterios y mecanismos generales en materia de evaluación del desempeño.
b) Los criterios generales para la determinación de prestaciones sociales y pensiones de clases pasivas.
c) Los criterios generales sobre ofertas de empleo público.
d) La determinación de condiciones de trabajo del personal directivo.

26. El derecho a participar, a través de las organizaciones sindicales, en los órganos de control y seguimiento de las entidades u organismos que legalmente se determine, es lo que el EBEP denomina:

a) Negociación colectiva.
b) Participación institucional.

c) Representación.
d) Derecho de reunión.

27. Señala la respuesta correcta:

a) Las Juntas de Personal se elegirán mediante listas cerradas a través de un sistema proporcional corregido, y los Delegados de Personal mediante listas abiertas y sistema mayoritario.
b) Los Delegados de Personal se elegirán mediante listas cerradas a través de un sistema proporcional corregido, y las Juntas de Personal mediante listas abiertas y sistema mayoritario.
c) Tanto las Juntas de Personal como los Delegados de Personal se elegirán mediante listas cerradas a través de un sistema proporcional corregido.
d) Tanto las Juntas de Personal como los Delegados de Personal se elegirán mediante listas abiertas y sistema mayoritario.

28. Quienes ostenten cargos directivos o de representación en el sindicato en que estén afiliados, no podrán desempeñar, simultáneamente, en las Administraciones Públicas:

a) Cargos de libre designación.
b) El cargo de Director General o de Subdirector General.
c) Ningún cargo representativo de la Administración Pública.
d) Cargos de libre designación de categoría de Director General o asimilados, así como cualquier otro de rango superior.

29. Será objeto de negociación, en su ámbito respectivo y en relación con las competencias de cada Administración Pública y con el alcance que legalmente proceda:

a) La determinación concreta de los procedimientos de acceso al empleo público.
b) La regulación concreta de los criterios de promoción profesional.
c) Las materias referidas a calendario laboral.
d) La determinación de condiciones de trabajo del personal directivo.

30. Se elegirá un Delegado de Personal en las unidades electorales donde el número de funcionarios sea:

a) Entre 5 y 50 funcionarios.
b) Entre 10 y 40 funcionarios.
c) Entre 6 y 30 funcionarios.
d) Entre 8 y 39 funcionarios.

31. Según el Estatuto Básico del Empleado Público, el número máximo de representantes de una Junta de Personal es de:

a) 50.
b) 75.

c) 60.
d) 80.

32. Según el EBEP, el reglamento de una Junta de Personal y sus modificaciones deberán ser aprobados por los votos favorables de, al menos:

a) La mayoría simple de sus miembros.
b) La mayoría absoluta de sus miembros.
c) Tres quintos de sus miembros.
d) Dos tercios de sus miembros.

33. En relación con el procedimiento de elección de Juntas y Delegados de Personal es cierto que:

a) Serán electores y elegibles todos los funcionarios, excepto los que se encuentren en la situación de separación del servicio.
b) Los funcionarios que ocupen puestos cuyo nombramiento se efectúe a través de real decreto o por decreto de los consejos de gobierno de las comunidades autónomas y de las ciudades de Ceuta y Melilla, tienen la condición de electores pero no la de elegibles.
c) Podrán presentar candidaturas las organizaciones sindicales legalmente constituidas o las coaliciones de estas, y los grupos de electores de una misma unidad electoral, siempre que el número de ellos sea equivalente, al menos, al triple de los miembros a elegir.
d) Todas las impugnaciones deberán tramitarse conforme a un procedimiento arbitral.

34. En relación con los Pactos y Acuerdos de las Mesas de Negociación, NO es cierto que:

a) Los Acuerdos versarán sobre materias competencia de los órganos de gobierno de las Administraciones Públicas.
b) Los Pactos se celebrarán sobre materias que se correspondan estrictamente con el ámbito competencial del órgano administrativo que lo suscriba.
c) Si los Acuerdos ratificados tratan sobre materias sometidas a reserva de ley que, en consecuencia, solo pueden ser determinadas definitivamente por las Cortes Generales o las asambleas legislativas de las comunidades autónomas, su contenido conservará eficacia directa mientras no sean rechazados.
d) Los Pactos y Acuerdos en sus respectivos ámbitos y en relación con las competencias de cada Administración Pública, podrán fijar las reglas que han de resolver los conflictos de concurrencia entre las negociaciones de distinto ámbito y los criterios de primacía y complementariedad entre las diferentes unidades negociadoras.

35. A efectos del EBEP, se entiende por negociación colectiva el derecho a negociar:

a) La composición de las Mesas de Negociación.
b) La determinación de condiciones de trabajo de los empleados de la Administración Pública.

c) El procedimiento de elección de representantes de los empleados de la Administración Pública.

d) La estructura orgánica de la Administración Pública.

36. En virtud del artículo 31.6 del EBEP, ¿pueden las organizaciones sindicales más representativas interponer recursos contra las resoluciones de los órganos de selección de la Administración Pública?

a) No, en ningún caso.

b) Solo en la vía administrativa.

c) Solo en la vía jurisdiccional.

d) Sí, tanto en vía administrativa como en la jurisdiccional.

37. Según el artículo 32.2 del EBEP:

a) No se puede garantizar el cumplimiento de los convenios colectivos y acuerdos que afecten al personal laboral.

b) Los convenios colectivos y acuerdos que afecten al personal laboral son de obligado cumplimiento, sin excepciones.

c) Se garantiza el cumplimiento de los convenios colectivos y acuerdos que afecten al personal laboral, salvo cuando excepcionalmente y por causa grave de interés público derivada de una alteración sustancial de las circunstancias económicas, los órganos de gobierno de las Administraciones Públicas suspendan o modifiquen el cumplimiento de convenios colectivos o acuerdos ya firmados en la medida estrictamente necesaria para salvaguardar el interés público.

d) Se garantiza el cumplimiento de los convenios colectivos y acuerdos que afecten al personal laboral, salvo cuando excepcionalmente en situaciones de emergencia, las Cortes Generales o las Asambleas autonómicas suspendan o modifiquen el cumplimiento de convenios colectivos o acuerdos ya firmados en la medida estrictamente necesaria para salvaguardar el interés público.

38. Según el artículo 53.1 del EBEP, los empleados públicos deben a la Constitución y al resto de normas que integran el ordenamiento jurídico:

a) Obediencia.

b) Sometimiento.

c) Respeto.

d) Protección.

39. Los empleados públicos ajustarán su actuación, con respecto a la Administración en la que presten sus servicios, sus superiores, compañeros, subordinados y con los ciudadanos, a los principios de lealtad y:

a) Cordialidad.

b) Buena fe.

c) Servicio.

d) Disciplina.

40. Según el artículo 53.8 del EBEP, los empleados públicos vigilarán la consecución del interés general y el cumplimiento de los objetivos de la organización, y actuarán de acuerdo con los principios de eficacia, eficiencia y:

a) Economía.
b) Efectividad.
c) Efusividad.
d) Excelencia.

41. ¿Cuál de los siguientes es un principio de conducta de los empleados públicos?

a) Cumplir con diligencia las tareas que les correspondan o se les encomienden y, en su caso, resolver dentro de plazo los procedimientos o expedientes de su competencia.
b) No aceptar ningún trato de favor o situación que implique privilegio o ventaja injustificada, por parte de personas físicas o entidades privadas.
c) Realizar el desempeño de las tareas correspondientes a su puesto de trabajo de forma diligente y cumpliendo la jornada y el horario establecidos.
d) Basar su conducta en el respeto de los derechos fundamentales y libertades públicas, evitando toda actuación que pueda producir discriminación alguna por razón de nacimiento, origen racial o étnico, género, sexo, orientación sexual, religión o convicciones, opinión, discapacidad, edad o cualquier otra condición o circunstancia personal o social.

42. Conforme al artículo 54.5 del EBEP, los empleados públicos administrarán los recursos y bienes públicos con:

a) Responsabilidad.
b) Generosidad.
c) Subjetividad.
d) Austeridad.

43. ¿Deben garantizar los empleados públicos la atención al ciudadano en la lengua que este solicite?

a) Sí, en todo caso y en cualquier territorio.
b) No, el empleado público es libre de elegir la lengua en la que atender a los ciudadanos.
c) Sí, siempre que sea oficial en el territorio.
d) Solo se puede garantizar el uso del castellano.

44. ¿Cuál de los siguientes es un principio ético del Código de Conducta de los empleados públicos?

a) Tratar con atención y respeto a los ciudadanos, a sus superiores y a los restantes empleados públicos.
b) Informar a los ciudadanos sobre aquellas materias o asuntos que tengan derecho a conocer, y facilitar el ejercicio de sus derechos y el cumplimiento de sus obligaciones.

c) Ejercer sus atribuciones según el principio de dedicación al servicio público absteniéndose no solo de conductas contrarias al mismo, sino también de cualesquiera otras que comprometan la neutralidad en el ejercicio de los servicios públicos.

d) Garantizar la constancia y permanencia de los documentos para su transmisión y entrega a sus posteriores responsables.

45. El conjunto ordenado de oportunidades de ascenso y expectativas de progreso profesional conforme a los principios de igualdad, mérito y capacidad se denomina:

a) Evaluación del desempeño.
b) Promoción profesional.
c) Promoción interna.
d) Carrera profesional.

46. Para tener derecho a la promoción interna, los funcionarios deberán tener una antigüedad de servicio activo en el inferior subgrupo o grupo de clasificación profesional de, al menos:

a) Dos años.
b) Tres años.
c) Cuatro años.
d) Cinco años.

47. El artículo 24 de la Ley 30/1984 señala que el sueldo de los funcionarios del grupo A no podrá exceder al sueldo de los funcionarios del grupo E:

a) En más del doble.
b) En más de tres veces.
c) En más de cuatro veces.
d) En más del quíntuple.

48. La cuantía y estructura de las retribuciones complementarias de los funcionarios se establecerán por:

a) Ley estatal.
b) Las correspondientes leyes de cada Administración Pública.
c) Real Decreto del Consejo de Ministros.
d) Decreto del correspondiente Consejo de Gobierno de la Administración Autonómica.

49. El permiso parental para el cuidado de hijo, hija o menor acogido por tiempo superior a un año, hasta el momento en que el menor cumpla ocho años tendrá una duración:

a) De 8 semanas continuas.
b) De 8 semanas continuas o discontinuas.
c) No superior a 8 semanas continuas.
d) No superior a 8 semanas, continuas o discontinuas.

50. Cuando el nombramiento de funcionarios en prácticas recaiga en funcionarios de carrera de otro Cuerpo o Escala de grupos y/o subgrupos de titulación inferior a aquel en que se aspira a ingresar, durante el tiempo correspondiente al período de prácticas o el curso selectivo:

a) No podrán percibir trienios hasta adquirir la condición de funcionario de carrera en el nuevo Cuerpo o Escala ni se les computará el tiempo correspondiente al período de prácticas o el curso selectivo a efectos de trienios o derechos pasivos.

b) Podrán continuar percibiendo los trienios computados anteriormente pero no se les computará el tiempo correspondiente al período de prácticas o el curso selectivo a efectos de trienios o derechos pasivos.

c) No podrán percibir trienios hasta adquirir la condición de funcionario de carrera en el nuevo Cuerpo o Escala, pero se les computará el tiempo correspondiente al período de prácticas o el curso selectivo a efectos de consolidación de trienios y de derechos pasivos, como servido en el nuevo Cuerpo o Escala en el caso de que, de manera efectiva, se adquiera la condición de funcionario de carrera en estos últimos.

d) Continuarán percibiendo los trienios en cada momento perfeccionados computándose dicho tiempo, a efectos de consolidación de trienios y de derechos pasivos, como servido en el nuevo Cuerpo o Escala en el caso de que, de manera efectiva, se adquiera la condición de funcionario de carrera en estos últimos.

51. ¿Podrá percibirse participación en tributos o en cualquier otro ingreso de las Administraciones Públicas como contraprestación de cualquier servicio, participación o premio en multas impuestas?

a) No, en ningún caso.
b) Sí, en cualquier caso.
c) No, excepto cuando estuviesen normativamente atribuidas a los servicios.
d) Sí, excepto cuando estuviesen normativamente atribuidas a los servicios.

52. La potestad disciplinaria se ejercerá de acuerdo, entre otros, con el principio de:

a) Irretroactividad de las disposiciones sancionadoras favorables al presunto infractor.
b) Proporcionalidad aplicable a las sanciones pero no a la clasificación de las faltas.
c) Presunción de culpabilidad en el caso del personal directivo.
d) Legalidad y tipicidad de las faltas y sanciones, a través de la predeterminación normativa y, en el caso del personal laboral, de los convenios colectivos.

53. Se considera falta muy grave de los empleados públicos:

a) El incumplimiento del deber de respeto a la Constitución y a los respectivos Estatutos de Autonomía de las Comunidades Autónomas en el ejercicio de la función pública.
b) El abuso de autoridad en el desempeño de sus funciones.
c) La tolerancia por los superiores jerárquicos de la comisión de faltas muy graves del personal bajo su dependencia.
d) Las acciones u omisiones dirigidas a evadir los sistemas de control de horarios o a impedir que sean detectados los incumplimientos injustificados de la jornada de trabajo.

54. En relación con la suspensión provisional como medida cautelar en la tramitación de un expediente disciplinario, no es cierto que:

a) El funcionario suspenso provisional no tendrá derecho a percibir durante la suspensión retribución alguna.

b) El tiempo de permanencia en suspensión provisional será de abono para el cumplimiento de la suspensión firme.

c) Cuando la suspensión no sea declarada firme, el tiempo de duración de la misma se computará como de servicio activo.

d) El funcionario suspenso provisional tendrá derecho a percibir durante la suspensión las prestaciones familiares por hijo a cargo.

55. Las sanciones impuestas a los funcionarios por la comisión de faltas graves prescribirán a contar desde la firmeza de la resolución sancionadora:

a) Al año.
b) A los dos años.
c) A los tres años.
d) A los cuatro años.

Solución al test n.º 3

1. c) Aquello que es común al conjunto de los funcionarios de todas las Administraciones Públicas, más las normas legales específicas aplicables al personal laboral a su servicio.

2. c) Supletorio.

3. a) La jerarquía en la atribución, ordenación y desempeño de las funciones y tareas.

4. d) Evaluación y responsabilidad en la gestión.

5. b) A los Empleados públicos.

6. c) Personal militar.

7. b) De carrera e interinos.

8. b) Que impliquen la participación directa o indirecta en el ejercicio de las potestades públicas.

9. c) 4 años.

10. c) Sí, en cuanto sea adecuado a la naturaleza de su condición y al carácter extraordinario y urgente de su nombramiento, salvo aquellos derechos inherentes a la condición de funcionario de carrera.

11. a) Urgencia.

12. d) Que impliquen la participación directa o indirecta en la salvaguardia de los intereses generales del Estado y de las Administraciones Públicas.

13. d) Eventual.

14. b) Está limitado por un máximo establecido por los respectivos órganos de gobierno.

15. c) Públicas.

16. c) De asesoramiento especial.

17. c) Cuando se produzca el cese de la autoridad a la que se preste la función de confianza o asesoramiento.

18. d) No podrá constituir mérito para el acceso a la Función Pública o para la promoción interna.

19. a) La publicidad y concurrencia.

20. a) Mérito y capacidad.

21. d) A tiempo completo o a tiempo parcial.

22. d) 5 días hábiles.

23. d) Dieciocho semanas.

24. c) Participación institucional.

25. d) La determinación de condiciones de trabajo del personal directivo.

26. b) Participación institucional.

27. a) Las Juntas de Personal se elegirán mediante listas cerradas a través de un sistema proporcional corregido, y los Delegados de Personal mediante listas abiertas y sistema mayoritario.

28. d) Cargos de libre designación de categoría de Director General o asimilados, así como cualquier otro de rango superior.

29. c) Las materias referidas a calendario laboral.

30. c) Entre 6 y 30 funcionarios.

31. b) 75.

32. d) Dos tercios de sus miembros.

33. c) Podrán presentar candidaturas las organizaciones sindicales legalmente constituidas o las coaliciones de estas, y los grupos de electores de una misma unidad electoral, siempre que el número de ellos sea equivalente, al menos, al triple de los miembros a elegir.

34. c) Si los Acuerdos ratificados tratan sobre materias sometidas a reserva de ley que, en consecuencia, solo pueden ser determinadas definitivamente por las Cortes Generales o las asambleas legislativas de las comunidades autónomas, su contenido conservará eficacia directa mientras no sean rechazados.

35. b) La determinación de condiciones de trabajo de los empleados de la Administración Pública.

36. d) Sí, tanto en vía administrativa como en la jurisdiccional.

37. c) Se garantiza el cumplimiento de los convenios colectivos y acuerdos que afecten al personal laboral, salvo cuando excepcionalmente y por causa grave de interés público derivada de una alteración sustancial de las circunstancias económicas, los órganos de gobierno de las Administraciones Públicas suspendan o modifiquen el cumplimiento de convenios colectivos o acuerdos ya firmados en la medida estrictamente necesaria para salvaguardar el interés público.

38. c) Respeto.

39. b) Buena fe.

40. a) Economía.

41. c) Realizar el desempeño de las tareas correspondientes a su puesto de trabajo de forma diligente y cumpliendo la jornada y el horario establecidos.

42. d) Austeridad.

43. c) Sí, siempre que sea oficial en el territorio.

44. c) Ejercer sus atribuciones según el principio de dedicación al servicio público absteniéndose no solo de conductas contrarias al mismo, sino también de cualesquiera otras que comprometan la neutralidad en el ejercicio de los servicios públicos.

45. d) Carrera profesional.

46. a) Dos años.

47. b) En más de tres veces.

48. b) Las correspondientes leyes de cada Administración Pública.

49. d) No superior a 8 semanas, continuas o discontinuas.

50. d) Continuarán percibiendo los trienios en cada momento perfeccionados computándose dicho tiempo, a efectos de consolidación de trienios y de derechos pasivos, como servido en el nuevo Cuerpo o Escala en el caso de que, de manera efectiva, se adquiera la condición de funcionario de carrera en estos últimos.

51. a) No, en ningún caso.

52. d) Legalidad y tipicidad de las faltas y sanciones, a través de la predeterminación normativa y, en el caso del personal laboral, de los convenios colectivos.

53. a) El incumplimiento del deber de respeto a la Constitución y a los respectivos Estatutos de Autonomía de las Comunidades Autónomas en el ejercicio de la función pública.

54. a) El funcionario suspenso provisional no tendrá derecho a percibir durante la suspensión retribución alguna.

55. b) A los dos años.

TEST N.º 4

Políticas de igualdad entre hombres y mujeres. Marco normativo. Políticas públicas para la igualdad entre hombres y mujeres

1. ¿Qué artículo de la Constitución española consagra la igualdad de todos los españoles ante la ley?

a) El artículo 8.
b) El artículo 14.
c) El artículo 21.
d) El artículo 27.

2. Según su artículo 1, la LO 3/2007 tiene por objeto hacer efectivo el derecho de:

a) Conciliación de la vida laboral y familiar de mujeres y hombres.
b) Igualdad de trato y de oportunidades entre mujeres y hombres.
c) Participación en los asuntos públicos en igualdad de condiciones.
d) No discriminación por razón de sexo.

3. Las obligaciones establecidas en la LO 3/2007 son de aplicación:

a) A toda persona, física o jurídica, que se encuentre o actúe en territorio español, cualquiera que fuese su nacionalidad, domicilio o residencia.
b) A todos los ciudadanos españoles, ya sea en territorio español o territorio de cualquier país extranjero.
c) A toda persona, física o jurídica, que se encuentre o actúe en territorio español, con nacionalidad española.
d) A toda persona, física o jurídica, que resida en territorio español, cualquiera que fuese su nacionalidad.

4. Según el artículo 4 de la LO 3/2007, la igualdad de trato y de oportunidades entre mujeres y hombres:

a) Es un deber de las Administraciones Públicas.
b) Es una fuente formal del Derecho.

c) Es un principio informador del ordenamiento jurídico.

d) Es un objetivo fundamental del procedimiento administrativo.

5. El principio de igualdad de trato y de oportunidades entre mujeres y hombres:

a) Solo se aplica en el ámbito del empleo público.

b) Se garantizará incluso en el acceso al trabajo por cuenta propia.

c) No se aplica en la afiliación y participación en organizaciones sindicales o empresariales.

d) Se garantizará en los términos que prevean los convenios colectivos.

6. La situación en que se encuentra una persona que sea, haya sido o pudiera ser tratada, en atención a su sexo, de manera menos favorable que otra en situación comparable, se considera:

a) Discriminación directa.

b) Acoso sexual.

c) Discriminación indirecta.

d) Violencia de género.

7. Una diferencia de trato basada en una característica relacionada con el sexo, ¿constituye discriminación en el acceso al empleo?

a) Sí, en todo caso.

b) No, siempre que la formación necesaria se base en dicha característica.

c) No, siempre que dicha característica constituya un requisito profesional esencial y determinante.

d) No, si debido a la naturaleza de las actividades profesionales concretas o al contexto en el que se lleven a cabo, dicha característica constituya un requisito profesional esencial y determinante, siempre y cuando el objetivo sea legítimo y el requisito proporcionado.

8. En virtud del artículo 6.2 de la LO 3/2007, la situación en que una disposición, criterio o práctica aparentemente neutros pone a personas de un sexo en desventaja particular con respecto a personas del otro:

a) En cualquier caso constituirá discriminación directa.

b) En cualquier caso constituirá discriminación indirecta.

c) No se considera discriminación indirecta si dicha disposición, criterio o práctica pueden justificarse objetivamente en atención a una finalidad legítima y los medios para alcanzar dicha finalidad son necesarios y adecuados.

d) En ningún caso podrá considerarse discriminación.

9. Conforme al artículo 6.3 de la LO 3/2007, toda orden de discriminar por razón de sexo:

a) Solo se considera discriminatoria si se ordena discriminar directamente.

b) En ningún caso se puede considerar discriminatoria.

c) Solo se considera discriminatoria si ordena una discriminación indirecta.

d) En cualquier caso se considera discriminatoria, sea directa o indirecta.

10. A los efectos de la LO 3/2007, definimos como acoso sexual:

a) Cualquier comportamiento realizado en función del sexo de una persona, con el propósito o el efecto de atentar contra su dignidad y de crear un entorno intimidatorio, degradante u ofensivo.

b) La situación en que una disposición, criterio o práctica aparentemente neutros pone a personas de un sexo en desventaja particular con respecto a personas del otro, salvo que dicha disposición, criterio o práctica puedan justificarse objetivamente en atención a una finalidad legítima y que los medios para alcanzar dicha finalidad sean necesarios y adecuados.

c) Todo trato desfavorable a las mujeres relacionado con el embarazo o la maternidad.

d) Cualquier comportamiento, verbal o físico, de naturaleza sexual que tenga el propósito o produzca el efecto de atentar contra la dignidad de una persona, en particular cuando se crea un entorno intimidatorio, degradante u ofensivo.

11. Para prevenir la realización de conductas discriminatorias en los actos y las cláusulas de los negocios jurídicos, el artículo 10 de la LO 3/2007 prevé la existencia de un sistema de sanciones eficaz y:

a) Proporcionado.

b) Comprensible.

c) Cuantificable.

d) Disuasorio.

12. Con el fin de hacer efectivo el derecho constitucional de la igualdad, los Poderes Públicos adoptarán medidas específicas en favor de las mujeres para corregir situaciones patentes de desigualdad de hecho respecto de los hombres. Tales medidas, que serán aplicables en tanto subsistan dichas situaciones, habrán de ser en relación con el objetivo perseguido en cada caso razonables y:

a) Justificadas.

b) Autorizadas judicialmente.

c) Transparentes.

d) Proporcionadas.

13. Conforme al artículo 12 de la LO 3/2007, cualquier persona podrá recabar de los tribunales la tutela del derecho a la igualdad entre mujeres y hombres, de acuerdo con lo establecido en el artículo 53.2 de la Constitución:

a) Siempre que la relación en la que supuestamente se produce la discriminación se encuentre vigente.

b) Incluso tras la terminación de la relación en la que supuestamente se ha producido la discriminación.

c) Siempre que se haya dado por terminada la relación en la que supuestamente se produce la discriminación.

d) A menos que se haya procedido a la suspensión de la relación en la que supuestamente se produce la discriminación.

14. La capacidad y la legitimación para intervenir en los procesos civiles, sociales y contencioso-administrativos que versen sobre la defensa del derecho de igualdad entre mujeres y hombres, corresponden a:

a) La persona acosada, únicamente.
b) Cualquier ciudadano.
c) Las personas físicas y jurídicas con interés legítimo.
d) Cualquier persona jurídica.

15. De acuerdo con las leyes procesales, en aquellos procedimientos en los que las alegaciones de la parte actora se fundamenten en actuaciones discriminatorias, por razón de sexo, corresponderá a la persona demandada probar la ausencia de discriminación en las medidas adoptadas y su proporcionalidad. A tales efectos, el órgano judicial:

a) A instancia de parte, podrá recabar, si lo estimase útil y pertinente, informe o dictamen de los organismos públicos competentes.
b) Deberá recabar informe o dictamen de los organismos públicos competentes.
c) De oficio, podrá recabar, si lo estimase útil y pertinente, informe o dictamen de los organismos públicos competentes.
d) De oficio o a instancia de parte, podrá recabar, si lo estimase útil y pertinente, informe o dictamen de los organismos públicos competentes.

16. Un criterio general de actuación de los Poderes Públicos, según el artículo 14 de la LO 3/2007, es el establecimiento de medidas que aseguren la .... del trabajo y de la vida personal y familiar de las mujeres y los hombres, así como el fomento de la .... en las labores domésticas y en la atención a la familia. ¿Qué dos palabras completan acertadamente la frase anterior?

a) Conciliación y corresponsabilidad.
b) Estabilidad y cooperación.
c) Corresponsabilidad y cooperación.
d) Estabilidad y conciliación.

17. Conforme al artículo 15 de la LO 3/2007, las Administraciones Públicas integrarán el principio de igualdad de trato y oportunidades entre hombres y mujeres en la adopción y ejecución de sus disposiciones normativas, en la definición y presupuestación de políticas públicas en todos los ámbitos y en el desarrollo del conjunto de todas sus actividades, de forma:

a) Activa.
b) Inteligente.

c) Visible.
d) Coordinada.

18. El artículo 18 de la LO 3/2007, exige al Gobierno la elaboración de un informe periódico sobre el conjunto de sus actuaciones en relación con la efectividad del principio de igualdad entre mujeres y hombres. Los términos en que se elaborarán estos informes se determinarán:

a) Por ley orgánica.
b) Por ley.
c) Reglamentariamente.
d) En una ley de bases.

19. Los proyectos de disposiciones de carácter general y los planes de especial relevancia económica, social, cultural y artística que se sometan a la aprobación del Consejo de Ministros deberán incorporar:

a) Un Plan Estratégico de Igualdad de Oportunidades.
b) Una estadística o encuesta que posibilite el conocimiento de las diferencias en los valores, roles, situaciones y condiciones, de mujeres y hombres en el ámbito de acción del proyecto o plan.
c) Un informe periódico sobre el conjunto de sus actuaciones en relación con la efectividad del principio de igualdad entre mujeres y hombres.
d) Un informe sobre su impacto por razón de género.

20. Según el artículo 44.3 de la LO 3/2007, el derecho de los padres a un permiso y una prestación por paternidad se reconoció:

a) Para disminuir la brecha salarial entre hombres y mujeres.
b) Para contribuir a un reparto más equilibrado de las responsabilidades familiares.
c) Para facilitar el apego de los hijos a los padres.
d) Para consolidar la conciliación de la vida personal, familiar y laboral de las mujeres.

21. Conforme al artículo 45 de la LO 3/2007:

a) Las empresas están obligadas a respetar la igualdad de trato y de oportunidades en el ámbito laboral y, con esta finalidad, deberán adoptar medidas dirigidas a evitar cualquier tipo de discriminación laboral entre mujeres y hombres, medidas que deberán negociar, y en su caso acordar, con los representantes legales de los trabajadores en la forma que se determine en la legislación laboral.
b) Las empresas procurarán respetar la igualdad de trato y de oportunidades en el ámbito laboral y, con esta finalidad, podrán adoptar medidas dirigidas a evitar cualquier tipo de discriminación laboral entre mujeres y hombres, medidas que deberán negociar, y en su caso acordar, con los representantes legales de los trabajadores en la forma que se determine en la legislación laboral.

c) Las empresas están obligadas a respetar la igualdad de trato y de oportunidades en el ámbito laboral y, con esta finalidad, deberán adoptar medidas dirigidas a evitar cualquier tipo de discriminación laboral entre mujeres y hombres, medidas que podrán negociar, y en su caso acordar, con los representantes legales de los trabajadores en la forma que se determine en la legislación laboral.

d) Las empresas procurarán respetar la igualdad de trato y de oportunidades en el ámbito laboral y, con esta finalidad, deberán adoptar medidas dirigidas a evitar cualquier tipo de discriminación laboral entre mujeres y hombres, medidas que podrán negociar, y en su caso acordar, con los representantes legales de los trabajadores en la forma que se determine en la legislación laboral.

22. Conforme al artículo 46 de la LO 3/2007 y en relación con los planes de igualdad es cierto que:

a) Los planes de igualdad incluirán la totalidad de una empresa.

b) Las empresas podrán inscribir sus planes de igualdad en el Registro de Planes de Igualdad de las Empresas.

c) El Registro de Planes de Igualdad de las Empresas es independiente de los Registros de convenios y acuerdos colectivos de trabajo.

d) Por ley se desarrollará el diagnóstico, los contenidos, las materias, las auditorías salariales, los sistemas de seguimiento y evaluación de los planes de igualdad, así como el Registro de Planes de Igualdad, en lo relativo a su constitución, características y condiciones para la inscripción y acceso.

23. La Disposición Adicional Primera de la LO 3/2007, determina que se entenderá por composición equilibrada la presencia de mujeres y hombres de forma que, en el conjunto al que se refiera, las personas de cada sexo:

a) No superen el 55 ni sean menos del 45 %.

b) No superen el 70 ni sean menos del 30 %.

c) No superen el 60 ni sean menos del 40 %.

d) No superen el 65 ni sean menos del 35 %.

24. Conforme al artículo 59 de la LO 3/2007:

a) Cuando el periodo de vacaciones coincida con una incapacidad temporal derivada del embarazo, parto o lactancia natural, o con el permiso de maternidad, o con su ampliación por lactancia, la empleada pública deberá unir ambos períodos sumando los días de vacaciones que le correspondan.

b) Cuando el periodo de vacaciones coincida con una incapacidad temporal derivada del embarazo, parto o lactancia natural, o con el permiso de maternidad, o con su ampliación por lactancia, la empleada pública tendrá derecho a disfrutar las vacaciones en fecha distinta, antes de que termine el año natural al que correspondan.

c) Cuando el periodo de vacaciones coincida con una incapacidad temporal derivada del embarazo, parto o lactancia natural, o con el permiso de maternidad, o con su ampliación por lactancia, la empleada pública tendrá derecho a optar por estos permisos o por las vacaciones.

d) Cuando el periodo de vacaciones coincida con una incapacidad temporal derivada del embarazo, parto o lactancia natural, o con el permiso de maternidad, o con su ampliación por lactancia, la empleada pública tendrá derecho a disfrutar las vacaciones en fecha distinta, aunque haya terminado el año natural al que correspondan.

25. Conforme al artículo 64 de la LO, el Gobierno deberá aprobar un Plan para la Igualdad entre mujeres y hombres en la Administración General del Estado:

a) Periódicamente.
b) Anualmente.
c) Al inicio de cada legislatura.
d) Cada cuatro años.

26. Según el artículo 67 de la LO 3/2007, las normas reguladoras de las Fuerzas y Cuerpos de Seguridad del Estado promoverán la igualdad efectiva entre mujeres y hombres, impidiendo cualquier situación de discriminación profesional, especialmente, en el sistema de acceso, formación, ascensos, destinos y:

a) Jornada de trabajo.
b) Retribuciones.
c) Vacaciones.
d) Situaciones administrativas.

27. ¿Qué órgano crea la LO 3/2007, en su artículo 78, como órgano colegiado de consulta y asesoramiento, con el fin esencial de servir de cauce para la participación de las mujeres en la consecución efectiva del principio de igualdad de trato y de oportunidades entre mujeres y hombres, y la lucha contra la discriminación por razón de sexo?

a) La Comisión Interministerial de Igualdad entre mujeres y hombres.
b) La Conferencia Sectorial de igualdad entre mujeres y hombres.
c) El Consejo de Participación de la Mujer.
d) El Instituto Nacional de la Mujer.

28. Según el artículo 8 de la LO 3/2007, todo trato desfavorable a las mujeres relacionado con el embarazo o la maternidad constituye:

a) Acoso sexual.
b) Acoso por razón de sexo.
c) Discriminación directa por razón de sexo.
d) Discriminación indirecta por razón de sexo.

29. Según el artículo 10 de la LO 3/2007, los actos y las cláusulas de los negocios jurídicos que constituyan o causen discriminación por razón de sexo se considerarán:

a) Válidos, pero anulables.
b) Nulos y sin efecto.
c) Ilegales.
d) Nulos, pero con efectos.

30. ¿Por cuánto tiempo se concede el distintivo para las empresas en materia de igualdad?

a) Un año, prorrogable uno más.
b) Tres años, prorrogables.
c) Cuatro años.
d) Cinco años, prorrogables.

Solución al test n.º 4

1. b) El artículo 14.

2. b) Igualdad de trato y de oportunidades entre mujeres y hombres.

3. a) A toda persona, física o jurídica, que se encuentre o actúe en territorio español, cualquiera que fuese su nacionalidad, domicilio o residencia.

4. c) Es un principio informador del ordenamiento jurídico.

5. b) Se garantizará incluso en el acceso al trabajo por cuenta propia.

6. a) Discriminación directa.

7. d) No, si debido a la naturaleza de las actividades profesionales concretas o al contexto en el que se lleven a cabo, dicha característica constituya un requisito profesional esencial y determinante, siempre y cuando el objetivo sea legítimo y el requisito proporcionado.

8. c) No se considera discriminación indirecta si dicha disposición, criterio o práctica pueden justificarse objetivamente en atención a una finalidad legítima y los medios para alcanzar dicha finalidad son necesarios y adecuados.

9. d) En cualquier caso se considera discriminatoria, sea directa o indirecta.

10. d) Cualquier comportamiento, verbal o físico, de naturaleza sexual que tenga el propósito o produzca el efecto de atentar contra la dignidad de una persona, en particular cuando se crea un entorno intimidatorio, degradante u ofensivo.

11. d) Disuasorio.

12. d) Proporcionadas.

13. b) Incluso tras la terminación de la relación en la que supuestamente se ha producido la discriminación.

14. c) Las personas físicas y jurídicas con interés legítimo.

15. a) A instancia de parte, podrá recabar, si lo estimase útil y pertinente, informe o dictamen de los organismos públicos competentes.

16. a) Conciliación y corresponsabilidad.

17. a) Activa.

18. c) Reglamentariamente.

19. d) Un informe sobre su impacto por razón de género.

20. b) Para contribuir a un reparto más equilibrado de las responsabilidades familiares.

21. a) Las empresas están obligadas a respetar la igualdad de trato y de oportunidades en el ámbito laboral y, con esta finalidad, deberán adoptar medidas dirigidas a evitar cualquier tipo de discriminación laboral entre mujeres y hombres, medidas que deberán negociar, y en su caso acordar, con los representantes legales de los trabajadores en la forma que se determine en la legislación laboral.

22. a) Los planes de igualdad incluirán la totalidad de una empresa.

23. c) No superen el 60 ni sean menos del 40 %.

24. d) Cuando el periodo de vacaciones coincida con una incapacidad temporal derivada del embarazo, parto o lactancia natural, o con el permiso de maternidad, o con su ampliación por lactancia, la empleada pública tendrá derecho a disfrutar las vacaciones en fecha distinta, aunque haya terminado el año natural al que correspondan.

25. c) Al inicio de cada legislatura.

26. d) Situaciones administrativas.

27. c) El Consejo de Participación de la Mujer.

28. c) Discriminación directa por razón de sexo.

29. b) Nulos y sin efecto.

30. d) Cinco años, prorrogables.

TEST N.º 5

Ley 31/1995, de 8 de noviembre, de Prevención de Riesgos Laborales. Ámbito de aplicación, definiciones. Derecho a la protección frente a riesgos. Formación de los trabajadores en materia de prevención de riesgos laborales. Información, consulta y participación. Obligaciones de los trabajadores en materia de prevención de riesgos

1. ¿Cuál es la vigente Ley de Prevención de Riesgos Laborales?

a) Ley 32/1995, de 8 de noviembre.
b) Ley 30/1996, de 8 de noviembre.
c) Ley 31/1995, de 6 de noviembre.
d) Ley 31/1995, de 8 de noviembre.

2. La Ley de Prevención de Riesgos laborales, tiene por objeto:

a) Prevenir los accidentes en general.
b) Evitar riesgos en el recorrido al puesto de trabajo.
c) Promover la seguridad y la salud de los trabajadores.
d) Que cada vez haya menos accidentes de tráfico.

3. ¿Qué se entiende por "riesgo laboral"?

a) La posibilidad de que un trabajador sufra un determinado daño derivado del trabajo.
b) La posibilidad de que un trabajador sufra una enfermedad en el trabajo.
c) La posibilidad de que un trabajador sufra acoso.
d) El riesgo que supone el ir a trabajar.

4. Indica cuál es la definición de prevención:

a) La probabilidad racional de que un riesgo se materialice de forma inminente.
b) El estudio de los procesos potencialmente peligrosos para el trabajo.
c) Conjunto de actividades o medidas adoptadas o previstas en todas las fases de actividad de la empresa con el fin de evitar o disminuir los riesgos derivados del trabajo.
d) Posibilidad de que un trabajador sufra un determinado daño derivado del trabajo.

5. Según establece el art. 4 de la Ley 31/1995, de 8 de noviembre, de Prevención de Riesgos Laborales, se define como daños derivados del trabajo:

a) La posibilidad de que un trabajador sufra un determinado daño derivado del trabajo.

b) El que resulte probable racionalmente que se materialice en un futuro inmediato y pueda suponer y pueda suponer un daño grave para la salud de los trabajadores.

c) Las enfermedades, patologías o lesiones sufridas con motivo u ocasión del trabajo.

d) Cualquier máquina, aparato, instrumento o instalación utilizada en el trabajo.

6. Señala la respuesta incorrecta:

a) La Ley de Prevención de Riesgos Laborales se aplica a los operativos de Seguridad civil en casos de catástrofe.

b) La Ley de Prevención de Riesgos Laborales se aplica a las sociedades cooperativas.

c) En el ámbito de la relación laboral de carácter especial del servicio del hogar familiar, las personas trabajadoras tienen derecho a una protección eficaz en materia de seguridad y salud en el trabajo.

d) En los establecimientos penitenciarios, se adaptarán a la Ley de Prevención de Riesgos Laborales aquellas actividades cuyas características justifiquen una regulación especial.

7. Para calificar un riesgo desde el punto de vista de su gravedad, se valorarán conjuntamente la severidad del daño y:

a) La probabilidad de que se produzca.

b) La cantidad de trabajadores de la empresa.

c) La existencia o no de equipos individuales de protección.

d) Las condiciones de trabajo.

8. El derecho básico reconocido a los trabajadores por la Ley 31/1995, de 8 de noviembre, es:

a) La vigilancia de su estado de salud.

b) Una protección eficaz en materia de seguridad y salud en el trabajo.

c) La formación en materia preventiva.

d) La información, consulta y participación.

9. Entre los principios de la acción preventiva recogidos por el artículo 15 de la Ley de Prevención de Riesgos Laborales, no figura:

a) Evitar los riesgos.

b) Evaluar los riesgos que se puedan evitar.

c) Tener en cuenta la evolución de la técnica.

d) Dar las debidas instrucciones a los trabajadores.

10. En el marco de sus responsabilidades, el empresario realizará la prevención de los riesgos laborales mediante la integración en la empresa de:

a) Los equipos de protección individual.
b) Los Servicios de Prevención propios.
c) La actividad preventiva.
d) La normativa comunitaria.

11. Los instrumentos esenciales para la gestión y aplicación del Plan de prevención de riesgos laborales son:

a) La evaluación de riesgos y la planificación de la actividad preventiva.
b) La evaluación inicial de riesgos y la formación.
c) La planificación y la gestión de la actividad preventiva.
d) La identificación y la evaluación de los riesgos.

12. En relación con la vigilancia de la salud que ha de garantizar el empresario, el acceso a la información médica de carácter personal:

a) Se limitará al empresario y a los Servicios de Prevención propios.
b) Se limitará al Jefe inmediato del trabajador.
c) Solo será accesible al propio trabajador.
d) Se limitará al personal médico y a las autoridades sanitarias que lleven a cabo la vigilancia.

13. Según la Ley de Prevención de Riesgos Laborales, es obligación de los trabajadores en materia de prevención de riesgos:

a) La protección eficaz en materia de seguridad y salud en el trabajo.
b) Utilizar correctamente los medios y equipos de protección facilitados por el empresario, de acuerdo con las instrucciones recibidas de este.
c) Soportar el coste de las medidas relativas a la seguridad y la salud en el trabajo.
d) Desarrollar una acción permanente de seguimiento de la actividad preventiva.

14. Cuando los trabajadores estén expuestos a un riesgo grave e inminente con ocasión de su trabajo, y el empresario no adopte o no permita la adopción de las medidas necesarias para garantizar la seguridad y la salud de los trabajadores, la Ley 31/1995, de 8 de noviembre, de Prevención de Riesgos Laborales prevé que:

a) Los trabajadores afectados podrán paralizar la actividad.
b) El órgano de representación del personal instará formalmente al empresario a la adopción de las medidas necesarias.
c) Los Delegados de Prevención lo comunicarán a la autoridad laboral, que adoptará las medidas necesarias.
d) El órgano de representación de personal podrá acordar la paralización de la actividad.

15. El art. 23 de la LPRL establece la documentación que el empresario debe elaborar y conservar a disposición de la autoridad laboral. De las siguientes no está incluido:

a) El Plan de prevención de riesgos laborales.

b) Evaluación de los riesgos para la seguridad y la salud en el trabajo.

c) La planificación de la actividad laboral.

d) La relación de accidentes de trabajo y enfermedades profesionales que hayan causado al trabajador una incapacidad laboral superior a un día de trabajo.

16. El posible cambio de puesto de trabajo con riesgo para una trabajadora embarazada:

a) Deberá realizarse en caso de imposibilidad de adaptación del propio puesto.

b) Se hará previo informe en tal sentido del Servicio de Prevención.

c) Se determinará por el empresario, y dará información a los representantes de los trabajadores.

d) Se extenderá al período de lactancia.

17. ¿Cuándo se deben utilizar los equipos de protección individual?

a) Siempre.

b) Cuando los riesgos no hayan sido evaluados.

c) Cuando los riesgos no se puedan evitar o no puedan limitarse.

d) Cuando el trabajador lo estime oportuno.

18. Las trabajadoras embarazadas, ¿tienen derecho a ausentarse del trabajo para la realización de exámenes prenatales y técnicas de preparación al parto?

a) Sí, con derecho a remuneración, previo aviso al empresario y justificación de la necesidad de su realización dentro de la jornada de trabajo.

b) Sí, con derecho a remuneración, sin necesidad de avisar al empresario ni justificar la necesidad de su realización dentro de la jornada de trabajo.

c) Sí, sin derecho a remuneración, previo aviso al empresario y justificación de la necesidad de su realización dentro de la jornada de trabajo.

d) No, en ningún caso.

19. En las empresas de hasta 30 trabajadores el Delegado de Prevención será:

a) El propio empresario.

b) El trabajador más antiguo.

c) El trabajador de mayor cualificación.

d) El delegado de personal.

20. Los Delegados de Prevención:

a) Son representantes de los sindicatos con funciones específicas en materia de prevención de riesgos laborales.
b) Son representantes de la empresa con funciones específicas en materia de prevención de riesgos laborales.
c) Son representantes de los trabajadores con funciones específicas en materia de prevención de riesgos laborales.
d) Son representantes ajenos a la empresa con funciones específicas en materia de prevención de riesgos laborales.

21. Según la Ley de Prevención de Riesgos Laborales, se constituirá un Comité de Seguridad y Salud en todas las empresas o centros de trabajo que cuenten con:

a) 30 o más trabajadores.
b) 50 o más trabajadores.
c) 75 o más trabajadores.
d) 100 o más trabajadores.

22. El órgano paritario y colegiado de participación destinado a la consulta regular y periódica de las actuaciones de la empresa en materia de prevención de riesgos, es:

a) El Comité de Empresa.
b) El Consejo de Vigilancia de la Prevención.
c) La Comisión de Evaluación de Riesgos Laborales.
d) El Comité de Seguridad y Salud.

23. Conforme al artículo 38 de la Ley 31/1995, el Comité de Seguridad y Salud se reunirá al menos:

a) Quincenalmente.
b) Mensualmente.
c) Trimestralmente.
d) Semestralmente.

24. A efectos de determinar el número de Delegados de Prevención se tendrá en cuenta que, se computarán como trabajadores fijos de plantilla los trabajadores vinculados por contratos de duración determinada superior a:

a) 6 meses.
b) Un año.
c) Dos años.
d) Cuatro años.

25. A efectos de determinar el número de Delegados de Prevención se tendrá en cuenta que, los contratados por término de hasta un año se computarán según el número de días trabajados en el período de un año anterior a la designación. Se computarán como un trabajador más:

a) Cada 3 meses de trabajo o fracción.

b) Cada 6 meses de trabajo o fracción.

c) Cada cien días de trabajo o fracción.

d) Cada doscientos días de trabajo o fracción.

Solución al test n.º 5

1. d) Ley 31/1995, de 8 de noviembre.

2. c) Promover la seguridad y la salud de los trabajadores.

3. a) La posibilidad de que un trabajador sufra un determinado daño derivado del trabajo.

4. c) Conjunto de actividades o medidas adoptadas o previstas en todas las fases de actividad de la empresa con el fin de evitar o disminuir los riesgos derivados del trabajo.

5. c) Las enfermedades, patologías o lesiones sufridas con motivo u ocasión del trabajo.

6. a) La Ley de Prevención de Riesgos Laborales se aplica a los operativos de Seguridad civil en casos de catástrofe.

7. a) La probabilidad de que se produzca.

8. b) Una protección eficaz en materia de seguridad y salud en el trabajo.

9. b) Evaluar los riesgos que se puedan evitar.

10. c) La actividad preventiva.

11. a) La evaluación de riesgos y la planificación de la actividad preventiva.

12. d) Se limitará al personal médico y a las autoridades sanitarias que lleven a cabo la vigilancia.

13. b) Utilizar correctamente los medios y equipos de protección facilitados por el empresario, de acuerdo con las instrucciones recibidas de este.

14. d) El órgano de representación de personal podrá acordar la paralización de la actividad.

15. c) La planificación de la actividad laboral.

16. a) Deberá realizarse en caso de imposibilidad de adaptación del propio puesto.

17. c) Cuando los riesgos no se puedan evitar o no puedan limitarse.

18. a) Sí, con derecho a remuneración, previo aviso al empresario y justificación de la necesidad de su realización dentro de la jornada de trabajo.

19. d) El delegado de personal.

20. c) Son representantes de los trabajadores con funciones específicas en materia de prevención de riesgos laborales.

21. b) 50 o más trabajadores.

22. d) El Comité de Seguridad y Salud.

23. c) Trimestralmente.

24. b) Un año.

25. d) Cada doscientos días de trabajo o fracción.

TEST N.º 6

Manual de Seguridad y Salud en Empresas de Limpieza Viaria y Recogida de Residuos Sólidos Urbanos (FREMAP)

1. ¿Cuál es la medida preventiva más importante al manejar cargas pesadas?

a) Levantarlas rápidamente.
b) Utilizar ayuda mecánica o pedir ayuda.
c) Girar la cintura al levantarlas.
d) No preocuparse por la postura.

2. ¿Qué debe hacerse si se manipulan productos químicos?

a) Usar guantes de protección adecuados.
b) Trabajar sin ventilación.
c) Mezclar productos sin revisar las etiquetas.
d) Mantenerlos sin etiquetar.

3. ¿Cuál es una medida preventiva al trabajar en la vía pública?

a) No prestar atención al tráfico.
b) Usar auriculares mientras se trabaja.
c) Utilizar señales de advertencia y chalecos reflectantes.
d) Cruzar la calle en cualquier lugar.

4. ¿Qué se debe hacer antes y después de la retirada de basuras y residuos?

a) Lavar las manos.
b) Ignorar la higiene personal.
c) No usar guantes.
d) Dejar los residuos sin recoger.

5. ¿Qué tipo de calzado debe usarse en el lugar de trabajo?

a) Calzado deportivo.
b) Calzado de seguridad.

c) Sandalias.
d) Zapatos de tacón.

6. ¿Qué medidas debemos adoptar para la prevención de incendios?

a) No sobrecargues los enchufes
b) No acerques focos de calor a materiales combustibles
c) No obstaculices en ningún momento los recorridos y salidas de evacuación.
d) Todas son medidas de prevención.

7. ¿Qué hacer si hay una superficie resbaladiza en el área de trabajo?

a) Ignorarla.
b) Señalizarla y limpiarla inmediatamente.
c) Dejarla sin atención.
d) Cubrirla con papel.

8. ¿Por qué es importante etiquetar los productos químicos correctamente?

a) Para darles un nombre.
b) Para decorarlos.
c) Para conocer sus riesgos y medidas preventivas y de seguridad.
d) No es necesario.

9. ¿Qué medida se debe tomar para prevenir cortes y pinchazos al retirar residuos?

a) No usar guantes.
b) Utilizar guantes de protección adecuados.
c) Tirar los residuos con las manos desnudas.
d) No prestar atención al tipo de residuo.

10. ¿Qué tipo de ropa se debe usar al trabajar a la intemperie en condiciones climáticas extremas?

a) Ropa ligera siempre, incluso en invierno.
b) Ropa adecuada a las condiciones climatológicas.
c) Ropa de trabajo habitual.
d) No importa la ropa.

11. ¿Qué es esencial hacer antes de realizar ejercicios de estiramiento?

a) Calentar los músculos.
b) Estirar en frío.
c) No hacer nada especial.
d) Solo hacer estiramientos intensos.

12. ¿Qué se debe tener en cuenta al usar equipos de trabajo?

a) Que estén en buen estado y sean seguros.
b) Que sean nuevos.
c) Que sean económicos.
d) Que se vean bien.

13. ¿Cuál es una medida preventiva para evitar caídas en el lugar de trabajo?

a) Mantener el área de trabajo ordenada.
b) Dejar objetos en el suelo.
c) No limpiar derrames.
d) No usar señalización.

14. ¿Qué se debe hacer si se presenta una emergencia de evacuación?

a) Quedarse en el lugar.
b) Usar ascensores.
c) Ignorar las instrucciones.
d) Conocer y seguir las rutas de evacuación.

15. ¿Qué se debe evitar al trabajar en la vía pública?

a) Usar chalecos reflectantes.
b) Prestar atención al tráfico.
c) Señalizar la zona de trabajo.
d) Usar auriculares.

16. ¿Qué se debe hacer si se produce un fuego y existe mucho humo en la zona que debemos atravesar?

a) Correr lo más rápido que podamos.
b) Procurar desplazarse a ras del suelo.
c) Desplazarse con normalidad sin protecciones de las vías respiratorias.
d) Todas son falsas.

17. ¿Qué tipo de ejercicios se recomiendan antes y después de la jornada laboral?

a) Ejercicios intensos.
b) No hacer ejercicios.
c) Ejercicios de estiramiento.
d) Solo correr.

18. ¿Qué se debe usar para evitar inhalación de productos químicos?

a) Mascarillas y ventilación adecuada si los manipulamos.
b) Usar guantes adecuados.

c) Trabajar en espacios cerrados donde se eviten las corrientes de aire y ventlización.
d) Oler el contenido para identificarlo.

19. ¿Qué se debe hacer con los residuos peligrosos?

a) Manipularlos sin guantes.
b) Dejar que se acumulen.
c) Mezclarlos con residuos comunes.
d) Seguir los protocolos de seguridad para su manejo y eliminación.

20. ¿Cómo se debe proceder si hay un derrame de un producto químico?

a) Ignorarlo.
b) Limpiarlo inmediatamente con el equipo adecuado.
c) Usar las manos desnudas.
d) Solo informar a un compañero.

21. ¿Qué medida se debe tomar para evitar golpes y atrapamientos?

a) No usar protección.
b) Mantener el área de trabajo ordenada y limpia.
c) Trabajar en áreas desordenadas.
d) Ignorar los riesgos.

22. ¿Cuál es una práctica segura al manipular cargas pesadas?

a) Girar la cintura al levantarlas.
b) Utilizar ayudas mecánicas o pedir ayuda.
c) Levantarlas solo con la espalda.
d) Ignorar el peso.

23. ¿Qué debe hacerse si se presentan síntomas de estrés térmico?

a) Buscar sombra y beber agua.
b) Ingerir una bebida con cafeína para ayudar a evitar ese estrés.
c) Continuar trabajando.
d) Usar gorros de lana para protección solar en verano, especialmente en las horas de mayor carga solar.

24. ¿Qué se debe conocer para actuar correctamente en una emergencia?

a) Los aparatos eléctricos que hay en tu lugar de trabajo.
b) Las rutas de evacuación del área y los puntos de encuentro.
c) Solo el lugar de trabajo.
d) Solo los compañeros encargados de la evacuación cuando se produce el incendio.

25. En la actuación en caso de evacuación NO harás:

a) Una preparación para abandonar el establecimiento al oír la señal de evacuación.
b) Uso de los ascensores.
c) Volverás al centro de trabajo al olvidarte algún objeto personal.
d) Dirigirte al punto de reunión establecido para esperar las oportunas instrucciones de los equipos de emergencias.

Solución al test n.º 6

1. b) Utilizar ayuda mecánica o pedir ayuda.

2. a) Usar guantes de protección adecuados.

3. c) Utilizar señales de advertencia y chalecos reflectantes.

4. a) Lavar las manos.

5. b) Calzado de seguridad.

6. d) Todas son medidas de prevención.

7. b) Señalizarla y limpiarla inmediatamente.

8. c) Para conocer sus riesgos y medidas preventivas y de seguridad.

9. b) Utilizar guantes de protección adecuados.

10. b) Ropa adecuada a las condiciones climatológicas.

11. a) Calentar los músculos.

12. a) Que estén en buen estado y sean seguros.

13. a) Mantener el área de trabajo ordenada.

14. d) Conocer y seguir las rutas de evacuación.

15. d) Usar auriculares.

16. b) Procurar desplazarse a ras del suelo.

17. c) Ejercicios de estiramiento.

18. a) Mascarillas y ventilación adecuada si los manipulamos.

19. d) Seguir los protocolos de seguridad para su manejo y eliminación.

20. b) Limpiarlo inmediatamente con el equipo adecuado.

21. b) Mantener el área de trabajo ordenada y limpia.

22. b) Utilizar ayudas mecánicas o pedir ayuda.

23. a) Buscar sombra y beber agua.

24. b) Las rutas de evacuación del área y los puntos de encuentro.

25. d) Dirigirte al punto de reunión establecido para esperar las oportunas instrucciones de los equipos de emergencias.

TEST N.º 7

Conceptos generales sobre sistemas de limpieza

1. A los trabajos de retirada de los residuos, restos, tierras y polvo de las aceras, calzadas, paseos, plazas y de los distintos elementos de mobiliario urbano, de su carga y transporte a vertedero, se le conoce como:

a) Barrido de calles.
b) Limpieza exterior.
c) Limpieza viaria.
d) Servicio de basuras.

2. Señalar la opción incorrecta. Dentro de las limpiezas especiales de la limpieza viaria, se encuentran trabajos complementarios como:

a) Limpieza de aceras.
b) Limpieza de fuentes y monumentos.
c) Limpieza de lugares de movida juvenil.
d) Limpieza de playas.

3. Los dos sistemas básicos de limpieza viaria son:

a) Batida y recogida.
b) Barrido y baldeo.
c) Manual y mecánica.
d) Individual y con brigada.

4. Indica la opción incorrecta. A los sistemas básicos de limpieza viaria podemos añadir otros auxiliares, especiales o extraordinarios como:

a) Corro de aire.
b) Fregado.
c) Succionado.
d) Todas las opciones son correctas.

5. Debido a las características geográficas, urbanas, demográficas, etc., se pueden distinguir, en la mayoría de las ciudades, dos zonas en función de la concentración de población y servicios. Una de ellas es:

a) Zona centro de alta concentración de población.
b) Zona centro de baja concentración de población.
c) Zona periférica de alta concentración de población.
c) Zona centro de media concentración de población.

6. Hay que tener en cuenta que la percepción del nivel de limpieza de una ciudad se basa fundamentalmente en:

a) La sensación de limpieza en las calles percibida por la ciudadanía.
b) La calidad del servicio de limpieza percibida por la ciudadanía.
c) La imagen de la ciudad percibida por visitantes externos.
d) Todas las opciones son correctas.

7. Señala cuál de las siguientes no es una norma general de limpieza:

a) Los detergentes o desinfectantes utilizados, se adecuaran siempre al objeto especifico de las tareas a realizar, y se ajustaran siempre a la norma establecida en función del objeto para lo que están destinados.
b) El carro siempre estará a la vista del trabajador, dependiendo siempre de este su custodia.
c) Primero se barrerá y posteriormente se utilizará el cepillo cubierto con paño para quitar el polvo antes de fregar.
d) Se emplearan materiales diferentes según sea el local a limpiar.

8. Las bayetas serán de distinto color según su utilización. Según el código utilizado por la OMS, ¿qué color corresponde a los aseos y baños?

a) Verde.
b) Azul.
c) Negro.
d) Rojo.

9. Las bayetas serán de distinto color según su utilización. Según el código utilizado por la OMS, ¿qué color corresponde a las cocinas, comedores y áreas donde se manipulen alimentos?

a) Verde.
b) Azul.
c) Negro.
d) Rojo.

10. ¿Cuánto tiempo puede permanecer en el aire el llamado micropolvo, sometido a una ligera corriente, ya que no se deposita en ningún sitio?

a) Hasta siete horas.
b) Hasta seis horas.
c) Hasta tres horas.
d) Hasta dos horas.

11. El origen del polvo puede ser:

a) Mineral.
b) Vegetal.
c) Químico.
d) Todas las respuestas son correctas.

12. ¿Cómo podemos eliminar la suciedad grasa, que es aquella provocada por aceites, grasas, etc.?

a) Mediante sustancias químicas (detergentes alcalinos) o mecánicamente con el empleo de fregadoras y detergentes solventes.
b) Mediante un fregado con mopa y detergente ligeramente alcalino.
c) Mediante un barrido húmedo y la aspiración con filtro absoluto.
d) Mediante un fregado con mopa y detergente neutro.

13. ¿Cómo se denomina la serie de procedimientos o actuaciones dirigidas a impedir la llegada de los microorganismos patógenos a un medio aséptico (libre de microorganismos patógenos)?

a) Antisepsia.
b) Esterilización.
c) Asepsia.
d) Desinfección.

14. La capacidad de romper una suciedad compacta y reducirla a finas partículas, se denomina:

a) Dispersión.
b) Poder humectante.
c) Asepsia.
d) Suspensión.

15. ¿Qué nombre reciben los complementarios de un detergente o de un limpiador, que aportan propiedades particulares a las de los componentes fundamentales en la acción específica de la limpieza?

a) Aditivos.
b) Cargas.

c) Reforzantes.
d) Coadyuvantes.

16. ¿Cómo se denomina la superficie o lugar donde se eliminan fluidos corporales, que sirve de depósito y lugar para lavar y descontaminar elementos utilizados con los pacientes?

a) Área aséptica.
b) Área negra.
c) Área sucia.
d) Área de infección.

17. ¿Qué porcentaje del polvo está producido por las chimeneas de fábricas?

a) El 60 %.
b) El 50 %.
c) El 30 %.
d) El 20 %.

18. ¿Cómo se denomina la superficie o lugar donde se trabaja con elementos limpios o estériles?

a) Área verde.
b) Área limpia.
c) Área libre de infección.
d) Área azul.

19. Las infecciones se clasifican según su origen en:

a) Comunitarias o extrahospitalarias y nosocomiales o intrahospitalarias.
b) Internas y externas.
c) Urbanas y extraurbanas.
d) Sanitarias y no sanitarias.

20. Las infecciones se clasifican según su causa en:

a) Víricas y no víricas.
b) Inmunológicas y no inmunológicas.
c) Infecciosas y no infecciosas.
d) Bacterianas y no bacterianas.

21. ¿Cómo se llama la capacidad de emulsionar la suciedad para que no se vuelva a formar adhiriéndose de nuevo a la superficie a limpiar?

a) Dispersión.
b) Poder humectante.

c) Suspensión.
d) Asepsia.

22. ¿Cómo se denomina el proceso capaz de eliminar prácticamente todos los microorganismos patógenos conocidos, pero no todas las formas de vida bacterianas (endosporas), sobre objetos inanimados?

a) Desinfección.
b) Antisepsia.
c) Esterilización.
d) Detergencia.

23. ¿Cómo se llaman los componentes complementarios que mejoran ciertas propiedades características de los componentes fundamentales?

a) Coadyuvantes.
b) Reforzantes.
c) Aditivos.
d) Cargas.

24. Señala la respuesta incorrecta:

a) La desinfección de las superficies es la eliminación de los microorganismos patógenos, o su reducción hasta niveles que no conlleven riesgo para la salud.
b) Las paredes se limpiarán desde arriba hacia abajo, para eliminar por arrastre la suciedad y los microorganismos que pudiera haber.
c) La limpieza de las paredes se hará de forma horizontal, empezando por la parte más alta y luego descendiendo.
d) La limpieza de paredes y techos se realizará periódicamente y se utilizará detergente desengrasante.

25. La sustancia química de aplicación tópica sobre los tejidos vivos (piel intacta, mucosas, heridas, etc.), que destruye o inhibe los microorganismos sin afectar sensiblemente a los tejidos sobre los que se aplica, se denomina:

a) Detergente.
b) Antiséptico.
c) Esterilizador.
d) Desinfectante.

26. Los objetos inanimados que contienen partículas contaminadas y que se sitúan en el entorno del paciente, se denominan:

a) Bacterias.
b) Fómites.

c) Agentes patógenos.

d) Virus.

27. ¿Qué haremos para eliminar la suciedad no grasa, es decir, la que se adhiere tanto a las superficies horizontales como verticales y contiene poca o ninguna materia grasa?

a) Un barrido húmedo y la aspiración con filtro absoluto.

b) Un fregado con mopa y detergente neutro.

c) Un fregado con mopa y detergente neutro o ligeramente alcalino.

d) Utilizar sustancias químicas (detergentes alcalinos) o mecánicamente con el empleo de fregadoras y detergentes solventes.

28. Las bayetas serán de distinto color según su utilización. Según el código utilizado por la OMS, ¿qué color corresponde a las áreas generales?

a) Verde.

b) Azul.

c) Amarillo.

d) Rojo.

29. Señala la respuesta incorrecta:

a) El personal de limpieza realizara su trabajo con guantes de protección, que pueden ser material fungible, o se pueden limpiar dependiendo del material.

b) Colocaremos en el carro antes de empezar la tarea, todo el material que necesitemos, incluidas las bolsas de basura.

c) El agua no se utiliza sola.

d) La limpieza la realizaremos siempre de las zonas más sucias a las más limpias.

30. Los cuartos de almacenamiento se mantendrán siempre limpios y al menos se efectuará su limpieza:

a) Una vez al mes.

b) Semanalmente.

c) Cada dos o tres días.

d) Una vez por turno.

31. Señala la respuesta incorrecta respecto a la limpieza:

a) Las bolsas de basura se cerraran previamente antes de ser retiradas.

b) Las soluciones se preparan con suficiente antelación a su utilización, para que sean estables y evitar alteraciones.

c) Cuando se deba cambiar de tarea o se tenga tiempo de descanso, el carro se llevara al almacén, nunca se dejara sin custodia.

d) Después de utilizar el material se llevara a cabo el proceso necesario que lleve a cabo la desinfección del mismo.

32. ¿Qué porcentaje del polvo está producido por los automóviles?

a) El 60 %.
b) El 50 %.
c) El 30 %.
d) El 20 %.

33. Indica uno de los objetivos que debe perseguir la limpieza:

a) Respetar la estética.
b) Contribuir a la seguridad, evitando los accidentes y la transmisión de enfermedades.
c) Mantener las condiciones higiénicas en los centros de trabajo.
d) Todas las respuestas son correctas.

34. Para llegar a la limpieza perfecta y de forma eficaz debemos tener en cuenta los 4 elementos que se combinan entre sí y que conforman el Círculo de:

a) Holter.
b) Mersson.
c) Sroeder.
d) Sinner.

35. ¿Cómo se denomina al conjunto de acciones emprendidas con el fin de eliminar los microorganismos patógenos presentes en un medio, o inhibir su proliferación?

a) Desinfección.
b) Antisepsia.
c) Esterilización.
d) Asepsia.

36. ¿Qué nombre reciben los productos utilizados para lograr el tipo de presentación y concentración deseadas de un detergente o un limpiador?

a) Cargas.
b) Coadyuvantes.
c) Aditivos.
d) Reforzantes.

37. Señala la respuesta incorrecta:

a) La infección es la invasión y multiplicación de microorganismos en los tejidos vivos.
b) La flora residente es la colonización normal de microorganismos que viven en la superficie corporal (piel), así como en las cavidades y órganos huecos y es fácil de eliminar.
c) La flora transitoria son los microorganismos que se adquieren durante las actividades normales de la vida cotidiana.
d) El poder humectante técnicamente es la capacidad de romper la tensión superficial del agua para que reduzca la tensión de contacto y penetre mejor.

38. ¿Qué nombre reciben los componentes complementarios de un detergente o de un limpiador que aportan propiedades adicionales a la acción específica de la limpieza?

a) Reforzantes.
b) Cargas.
c) Coadyuvantes.
d) Aditivos.

39. La transmisión de microorganismos patógenos de paciente a paciente o de objetos contaminados a pacientes con la participación de los miembros del equipo de salud, se denomina:

a) Transmisión doble.
b) Transmisión cruzada.
c) Transmisión mixta.
d) Transmisión dúplex.

40. ¿Cómo se define el proceso mediante el cual se destruyen todos los microorganismos viables presentes en un objeto o superficie incluidas las esporas bacterianas?

a) Desinfección.
b) Antisepsia.
c) Esterilización.
d) Asepsia.

41. Con carácter general, el polvo de origen químico está producido, en su mayoría por:

a) Los automóviles.
b) Los humos de calefacción doméstica.
c) Las chimeneas de fábricas.
d) Los medios de transporte.

Solución al test n.º 7

1. c) Limpieza viaria.

2. a) Limpieza de aceras.

3. b) Barrido y baldeo.

4. d) Todas las opciones son correctas.

5. a) Zona centro de alta concentración de población.

6. d) Todas las opciones son correctas.

7. c) Primero se barrerá y posteriormente se utilizará el cepillo cubierto con paño para quitar el polvo antes de fregar.

8. d) Rojo.

9. a) Verde.

10. a) Hasta siete horas.

11. d) Todas las respuestas son correctas.

12. a) Mediante sustancias químicas (detergentes alcalinos) o mecánicamente con el empleo de fregadoras y detergentes solventes.

13. c) Asepsia.

14. a) Dispersión.

15. d) Coadyuvantes.

16. c) Área sucia.

17. d) El 20 %.

18. b) Área limpia.

19. a) Comunitarias o extrahospitalarias y nosocomiales o intrahospitalarias.

20. d) Bacterianas y no bacterianas.

21. c) Suspensión.

22. a) Desinfección.

23. b) Reforzantes.

24. d) La limpieza de paredes y techos se realizará periódicamente y se utilizará detergente desengrasante.

25. b) Antiséptico.

26. b) Fómites.

27. c) Un fregado con mopa y detergente neutro o ligeramente alcalino.

28. b) Azul.

29. d) La limpieza la realizaremos siempre de las zonas más sucias a las más limpias.

30. d) Una vez por turno.

31. b) Las soluciones se preparan con suficiente antelación a su utilización, para que sean estables y evitar alteraciones.

32. d) El 20 %.

33. d) Todas las respuestas son correctas.

34. d) Sinner.

35. b) Antisepsia.

36. a) Cargas.

37. b) La flora residente es la colonización normal de microorganismos que viven en la superficie corporal (piel), así como en las cavidades y órganos huecos y es fácil de eliminar.

38. d) Aditivos.

39. b) Transmisión cruzada.

40. c) Esterilización.

41. b) Los humos de calefacción doméstica.

TEST N.º 8

Sistemas de barrido. Organización, medios y clases

1. El arrastre en seco de los residuos acumulados en la vía pública para su posterior retirada, se denomina:

a) Barrido.
b) Baldeo.
c) Fregado.
d) Succionado.

2. El barrido es un tratamiento de limpieza que retira los residuos acumulados en la vía pública, previamente:

a) Arrastrados en seco.
b) Arrastrados por baldeo.
c) Aspirados por máquinas.
d) Humedecidos con manguera o máquina baldeadora.

3. Las tres modalidades básicas de barrido son:

a) Soplado, arrastre y aspiración.
b) Individual, con brigada y robotizado.
c) Manual, mecánico y mixto.
d) Urbano, periurbano y exterior.

4. Los dos tipos de barrido mecánico son:

a) Tangencial y rígido.
b) Individual y con brigada.
c) Eléctrico y gasoil.
d) De arrastre y de aspiración.

5. No es un tipo de barrido manual:

a) El barrido individual.
b) El barrido individual con vehículo auxiliar.
c) El barrido mixto.
d) El barrido con brigada.

6. Se define como "el tratamiento de limpieza cuya función consiste en arrastrar y amontonar, valiéndose de una escoba o cepillo, todos los residuos que se encuentran en aceras, bordillos y calzadas de las calles, avenidas, plazas, etc., y recoger lo barrido embolsándolo para su posterior retirada" al:

a) Barrido manual.
b) Barrido mixto.
c) Barrido de arrastre.
d) Baldeo manual.

7. El diseño del recorrido que ha de seguir el operario del barrido manual individual ha de ceñirse a ciertas normas para optimizarlo y que dé los mejores resultados posibles. Señalar de las siguientes opciones la norma incorrecta:

a) El punto de inicio y fin deberán estar lo más cerca posible al centro de trabajo.
b) El barrido de las vías secundarias se efectuará en las primeras horas de la jornada, dejando las calles y avenidas principales para el resto de la jornada.
c) Se ajustará la hora de limpieza de áreas en que existan centros escolares a antes de la entrada a los mismos.
d) Se evitarán desplazamientos del operario "en vacío" sobre zonas que ya han sido limpiadas.

8. El operario que efectúa barrido manual con vehículo auxiliar partirá del lugar en que estaciona éste, por regla general, avanzando por una acera antes de regresar al vehículo barriendo por la acera del otro lado, una distancia aproximada de:

a) 20 metros.
b) 50 metros.
c) 100 metros.
d) 200 metros.

9. Señalar la opción incorrecta. El barrido manual con vehículo auxiliar se utiliza preferentemente en:

a) Zonas cuyo grado de suciedad sea inferior al de una barriada convencional.
b) Urbanizaciones de extrarradio, con grados bajos de ensuciamiento.
c) Sectores no separados del centro de trabajo más de 1 km.
d) Lugares con un grado de suciedad o de acumulación de residuos medio-bajo.

10. El barrido en que uno o varios operarios van realizando un barrido individual por diferentes zonas, mientras otro operario va recogiendo los montones de residuos que van dejando sus compañeros y los deposita en el camión, se conoce como:

a) Barrido mecánico.
b) Barrido mixto.

c) Barrido de repaso.
d) Barrido manual con brigada.

11. No es una razón que aconseje un barrido manual con brigada:

a) Gran distancia del centro de trabajo al sector de limpieza.
b) Amplia zona a barrer.
c) Pavimento irregular.
d) Mucho tránsito peatonal.

12. No es una razón que aconseje realizar un barrido manual con brigada:

a) Ausencia de grandes superficies en la zona a barrer.
b) Grandes cantidades de residuos.
c) Zona con baja densidad de tráfico.
d) Zona susceptible de trabajos de desbroce.

13. Por regla general, la dotación completa de un servicio de barrido manual con brigada se compone de:

a) Un conductor, tres operarios de limpieza y un vehículo de brigada.
b) Dos operarios y un motocarro.
c) Tres operarios con tres carritos.
d) Un conductor, dos operarios y un camión de brigada.

14. La realización de trabajos de limpieza de aceras, paseos, bordillos, vaciado de papeleras, limpieza de alcorques, setos, etc., propios de operaciones de barrido manual, pero destinado a zonas que después de las operaciones básicas de limpieza todavía presentan suciedad, se llama:

a) Barrido manual de brigada.
b) Barrido mixto.
c) Barrido de urgencia.
d) Barrido de repaso.

15. En cuál de los siguientes casos es más recomendable el barrido individual que el barrido mecánico:

a) Calles en que hayan vehículos estacionados.
b) Calles con anchura superior a 2 metros.
c) Calles sin obstáculos.
d) Cuando no existan contenedores para la recogida de los residuos.

16. El sistema de limpieza efectuado por una máquina autopropulsada dotada de cepillos escarificadores y un sistema de carga de residuos, destinada a arrancar la suciedad del pavimento y dirigirla hacia un sistema mecánico que la transporta al depósito interno, se conoce como:

a) Barrido de repaso.
b) Barrido de aspiración.
c) Barrido mixto.
d) Barrido mecánico.

17. El tratamiento adecuado para la limpieza de repaso es:

a) El baldeo manual.
b) El barrido mecánico de arrastre.
c) El barrido individual motorizado.
d) El barrido mixto.

18. El barrido mecánico de arrastre es más adecuado que el de aspiración:

a) En pavimentos continuos, amplios y libres de obstáculos.
b) En bordillos de calzadas y medianas.
c) En zonas de alta intensidad de tráfico, con varios carriles de circulación.
d) En zonas con residuos de tamaño medio.

19. ¿Cuál de las siguientes barredoras es más recomendable en grandes avenidas, vías de penetración y autovías?

a) Barredora con capacidad de tolva de hasta 7 metros cúbicos.
b) Barredora con capacidad de tolva entre 1,5 y 3 metros cúbicos.
c) Barredora con capacidad de tolva entre 10 y 15 metros cúbicos.
d) Barredora con capacidad de tolva de no más de 2 metros cúbicos.

20. Las barredoras de tipo mediano, con capacidad de tolva de 1,5 a 3 metros cúbicos, son las más recomendables en:

a) Calles estrechas de cascos históricos.
b) Zonas industriales.
c) Calles urbanas en general.
d) Grandes avenidas, vías de penetración y autovías.

21. En aceras y áreas peatonales, con anchura de más de 2 metros, sin obstáculos y con vado o rampas, se recomienda el barrido:

a) Con barredoras pesadas con capacidad de tolva de hasta 7 metros cúbicos.
b) Con barredoras medianas de arrastre con capacidad de tolva de 1,5 a 3 metros cúbicos.

c) Con barredoras pequeñas y ligeras de aspiración, con capacidad de carga de 1,5 a 2 metros cúbicos.
d) Manual con sopladora.

22. Por el tamaño de los residuos generados, en las zonas industriales se reco-mienda el uso de:

a) Barredoras de aspiración.
b) Barredoras de arrastre.
c) Sopladoras.
d) Barrido manual individual con vehículo auxiliar.

23. Las barredoras pesadas no son recomendables en:

a) Grandes avenidas.
b) Autovías.
c) Áreas industriales.
d) Áreas peatonales.

24. Para la limpieza de zonas con estacionamiento permanente de vehículos, es conveniente establecer una frecuencia de limpieza intensiva de, al menos:

a) Una vez al año.
b) Tres o cuatro veces al año.
c) Una vez al mes.
d) Tres o cuatro veces al mes.

25. El tratamiento de limpieza realizado por un equipo de operarios que actúan siguiendo la sistemática operativa del barrido manual con brigada junto con una máquina barredora autopropulsada, se llama:

a) Barrido mecánico.
b) Barrido mixto.
c) Barrido de repaso.
d) Barrido intensivo.

26. El barrido mixto puede llevarse a cabo prácticamente en todos los viales de una ciudad; su única limitación sería:

a) Pavimentos deteriorados o no continuos.
b) No existencia de vados o rampas en las aceras.
c) Bordillos ocupados por vehículos estacionados.
d) Gran afluencia de personas.

27. No es conveniente el uso de sopladoras en:

a) Aceras de menos de 2 metros de anchura.
b) Áreas peatonales.
c) Zonas donde exista mucho polvo acumulado.
d) Parques o jardines.

28. En calles urbanas en general se recomiendan:

a) Barredoras pesadas.
b) Barredoras medianas.
c) Barredoras pequeñas.
d) Sopladoras.

29. Las barredoras más adecuadas para el barrido mixto son:

a) Las barredoras de aspiración.
b) Las barredoras de arrastre.
c) Las barredoras pesadas.
d) Las sopladoras.

30. Manejada por el conductor, la barredora del barrido mixto:

a) Realiza las operaciones de baldeo de acera y recogida de los residuos amontonados por los barrenderos.
b) Únicamente se utiliza para la recogida de los residuos amontonados por los barrenderos.
c) Únicamente se utiliza para el barrido de la acera y la calzada.
d) Realiza las operaciones de barrido del pavimento por el que circula y de recogida de los residuos amontonados por los barrenderos.

31. El barrido mixto no está especialmente indicado en:

a) Calles cuyos bordillos estén ocupados por vehículos estacionados.
b) Áreas con mucho volumen de residuos fuera del acceso de la barredora.
c) Eventos de gran número de personas.
d) Aceras de pavimento deteriorado.

32. El sistema de limpieza que consiste en el arranque de la suciedad por la proyección de agua a presión contra los residuos de la superficie viaria y su arrastre por la corriente del agua a la boca de alcantarillado más próxima, se denomina:

a) Barrido.
b) Baldeo.
c) Fregado.
d) Arrastrado.

33. Baldeo y riego:

a) Son distintas denominaciones para un mismo sistema de limpieza.

b) Se diferencian en que el baldeo se efectúa por máquina baldeadora y el riego es manual con manguera.

c) Se diferencian en que el baldeo utiliza agua válida para el consumo humano mientras que el riego se hace con agua no potable.

d) Se diferencian en que el baldeo tiene una finalidad de limpieza, mientras que el riego solo pretende humedecer el suelo para evitar que se levante el polvo y refrescar el ambiente.

34. Para facilitar un mayor avance del servicio, con la consiguiente mejora del rendimiento, y evitar que se evacúen por el alcantarillado residuos voluminosos, se recomienda realizar antes del baldeo:

a) Barrer la zona a limpiar.

b) Regar la zona a limpiar.

c) Cerrar al tráfico la zona a limpiar.

d) Limpiar las alcantarillas.

35. ¿Cuál de los siguientes no es uno de los tres tipos básicos de baldeo?

a) Baldeo mecánico.

b) Baldeo manual.

c) Baldeo auxiliar.

d) Baldeo mixto.

36. El baldeo que utiliza agua con una manguera conectada a la red de riego de la ciudad, en combinación con la acción de un cepillo o una escoba, se denomina:

a) Baldeo tangencial.

b) Baldeo individual.

c) Baldeo por sectores.

d) Baldeo manual.

37. El baldeo manual precisa de bocas de riego no separadas entre sí más de:

a) 25 metros.

b) 100 metros.

c) 200 metros.

d) 50 metros.

38. ¿Cuál de los siguientes pasos que se citan no es correcto como parte del procedimiento del baldeo manual?

a) Avanzar por la acera en el sentido contrario de la pendiente de la calle.

b) Remover y arrastrar los residuos con la fuerza del agua, controlando que estos se dirijan a los márgenes de la calzada y fluyan hasta los imbornales.

c) Dirigir el chorro de agua directamente y lo más cerca posible del pavimento.

d) Una vez haya una cantidad sustancial de residuos, retirarlos con el recogeros y la escoba, embolsarlos y depositarlos en elemento de carga del carrito de baldeo.

39. El baldeo manual no es aconsejable en aceras:

a) Con anchura inferior a 2,5 metros.
b) De pavimento continuo.
c) Con poca afluencia de peatones.
d) Con anchura superior a 2,5 metros.

40. El baldeo mecánico es el sistema de limpieza por baldeo en que el agua utilizada es aportada por:

a) Mangueras conectadas a la red de riego.
b) Un vehículo tripulado por dos o más operarios.
c) Un camión cisterna de más de 3.500 kg.
d) Un vehículo cisterna con bomba a presión.

41. El baldeo tangencial es un baldeo:

a) Manual individual.
b) Mecánico de calzadas.
c) Manual con brigada.
d) Mecánico de aceras.

42. En relación al baldeo mecánico:

a) El baldeo mecánico de las aceras requiere un alcance mayor que el de calzadas.

b) La orientación y el caudal del agua deben regularse de modo que los residuos de la calzada salten a la acera y no se queden en el bordillo.

c) En calzadas estrechas es posible realizar el baldeo mecánico en todo su ancho de una sola pasada.

d) El baldeo mecánico de acerados no puede combinarse con barrido manual o mecánico.

43. El baldeo mecánico con agua a media presión se realiza en:

a) Aceras y áreas peatonales.
b) Calzadas estrechas.
c) Vías de penetración al municipio y autovía.
d) Zonas industriales.

44. El tratamiento más adecuado para la limpieza de grandes avenidas, vías de penetración y autovías, es:

a) El baldeo manual.
b) El baldeo mecánico.

c) El barrido mecánico.
d) El baldeo mixto.

45. ¿Cuál de los siguientes requisitos no es necesario para utilizar baldeadoras mecánicas en aceras y áreas peatonales?

a) Que la acera o el área peatonal tenga una anchura mínima de 2 metros.
b) Que tengan pocos obstáculos.
c) Que dispongan de vados o rampas para el acceso de la maquinaria.
d) Que dispongan de bocas de riego al menos cada 50 metros.

46. El baldeo mixto es una combinación simultánea de:

a) Baldeo mecánico y baldeo manual.
b) Baldeo mecánico y barrido mecánico.
c) Baldeo manual y barrido manual.
d) Baldeo mecánico y barrido manual.

47. Con respecto al fregado de calles, no es cierto que:

a) Se utilice agua caliente a elevada presión.
b) Se sirva de un cepillado mecánico de la superficie que suele acompañarse de una solución jabonosa.
c) Sea un sistema de limpieza utilizado exclusivamente en calzadas para el tráfico rodado.
d) A menudo incluya un secado final mediante aspiración.

48. ¿Cuál de los siguientes condicionantes no es útil para que las papeleras resulten efectivas?

a) Que estén a una altura adecuada.
b) Que tengan una boca ancha de entrada.
c) Que cuenten con tapadera en la boca.
d) Que tengan capacidad para soportar las inclemencias climatológicas.

49. Para calcular la frecuencia de recogida de las papeleras, se recomienda tomar como referencia el tiempo necesario para llenar un:

a) 20 por ciento.
b) 50 por ciento.
c) 80 por ciento.
d) 100 por ciento.

50. En el vaciado de papeleras, hay que evitar:

a) La descarga directa con la mano.
b) Recogidas semanales en zonas de afluencia media-alta.
c) Sistemas de recogida por volteo.
d) Servicios específicos de recogida.

51. Por regla general, el vaciado de papeleras es tarea de:

a) Los operarios del baldeo mecánico.
b) El servicio de intervención rápida.
c) Los operarios de servicios especiales.
d) Los operarios de barrido.

52. Detectada una avería o un daño en una papelera, se deberá reparar o sustituir en un plazo máximo de:

a) 48 horas.
b) 72 horas.
c) 1 semana.
d) 15 días.

53. Para obtener unos niveles óptimos de limpieza y desinfección en el lavado de contenedores de residuos, se empleará:

a) Agua fría y caliente para el lavado del interior, y exclusivamente agua caliente para el lavado exterior.
b) Agua fría y caliente para el lavado exterior, y exclusivamente agua caliente para el lavado del interior.
c) Únicamente agua caliente.
d) Únicamente agua fría.

Solución al test n.º 8

1. a) Barrido.

2. a) Arrastrados en seco.

3. c) Manual, mecánico y mixto.

4. d) De arrastre y de aspiración.

5. c) El barrido mixto.

6. a) Barrido manual.

7. b) El barrido de las vías secundarias se efectuará en las primeras horas de la jornada, dejando las calles y avenidas principales para el resto de la jornada.

8. b) 50 metros.

9. c) Sectores no separados del centro de trabajo más de 1 km.

10. d) Barrido manual con brigada.

11. d) Mucho tránsito peatonal.

12. a) Ausencia de grandes superficies en la zona a barrer.

13. a) Un conductor, tres operarios de limpieza y un vehículo de brigada.

14. d) Barrido de repaso.

15. a) Calles en que hayan vehículos estacionados.

16. d) Barrido mecánico.

17. c) El barrido individual motorizado.

18. d) En zonas con residuos de tamaño medio.

19. a) Barredora con capacidad de tolva de hasta 7 metros cúbicos.

20. c) Calles urbanas en general.

21. c) Con barredoras pequeñas y ligeras de aspiración, con capacidad de carga de 1,5 a 2 metros cúbicos.

22. b) Barredoras de arrastre.

23. d) Áreas peatonales.

24. b) Tres o cuatro veces al año.

25. b) Barrido mixto.

26. a) Pavimentos deteriorados o no continuos.

27. c) Zonas donde exista mucho polvo acumulado.

28. b) Barredoras medianas.

29. a) Las barredoras de aspiración.

30. d) Realiza las operaciones de barrido del pavimento por el que circula y de recogida de los residuos amontonados por los barrenderos.

31. d) Aceras de pavimento deteriorado.

32. b) Baldeo.

33. d) Se diferencian en que el baldeo tiene una finalidad de limpieza, mientras que el riego solo pretende humedecer el suelo para evitar que se levante el polvo y refrescar el ambiente.

34. a) Barrer la zona a limpiar.

35. c) Baldeo auxiliar.

36. d) Baldeo manual.

37. d) 50 metros.

38. a) Avanzar por la acera en el sentido contrario de la pendiente de la calle.

39. d) Con anchura superior a 2,5 metros.

40. d) Un vehículo cisterna con bomba a presión.

41. b) Mecánico de calzadas.

42. c) En calzadas estrechas es posible realizar el baldeo mecánico en todo su ancho de una sola pasada.

43. a) Aceras y áreas peatonales.

44. b) El baldeo mecánico.

45. d) Que dispongan de bocas de riego al menos cada 50 metros.

46. a) Baldeo mecánico y baldeo manual.

47. c) Sea un sistema de limpieza utilizado exclusivamente en calzadas para el tráfico rodado.

48. c) Que cuenten con tapadera en la boca.

49. b) 50 por ciento.

50. a) La descarga directa con la mano.

51. d) Los operarios de barrido.

52. a) 48 horas.

53. a) Agua fría y caliente para el lavado del interior, y exclusivamente agua caliente para el lavado exterior.

TEST N.º 9

Utensilios de limpieza. Descripción y modo de empleo

1. Es una característica de la fliselina:

a) Alta flamabilidad.
b) Poca resistencia a la abrasión.
c) Genera pelusas e hilachas libres en condiciones normales de uso.
d) Resistente al calor.

2. El aparato eléctrico que frota un disco en el suelo para succionar la suciedad de la superficie, se denomina:

a) Pulidora.
b) Monocepillo.
c) Aspirador mixto.
d) Vaporosa.

3. ¿Para qué uso está diseñada la fregadora automática?

a) Espacios reducidos.
b) Exteriores.
c) Pasillos.
d) Habitaciones.

4. ¿Cómo serán los dos cubos del carro para sistema de doble cubo?

a) Del mismo color.
b) De entre 3-5 litros.
c) De distinto color.
d) De distinta forma.

5. Los paños son clasificados por colores en función de donde vayan a ser utilizados. ¿De qué color ha de ser el paño que se utilice únicamente para limpiar los sanitarios que no sea retrete?

a) Azul.
b) Rojo.
c) Amarillo.
d) Verde.

6. El carro de limpieza para el sistema de doble cubo o rasante dispondrá de una bandeja para material de cuartos de baño y otra para material de limpieza de mobiliario, con una profundidad mínima de:

a) 10 centímetros.
b) 15 centímetros.
c) 20 centímetros.
d) 30 centímetros.

7. El carro de limpieza para el sistema de doble cubo o rasante dispondrá de dos cubos pequeños para la limpieza de superficies diferentes al suelo, y para limpiar los paños después de cada habitación, de color:

a) Azul y rojo.
b) Blanco y negro.
c) Azul y verde.
d) Amarillo y rojo.

8. ¿Cómo se lava una bayeta multiusos?

a) Con polvo en seco.
b) Con detergente alcalino.
c) Con detergente neutro.
d) A mano, no se pueden lavar a máquina.

9. ¿Qué tipo de bayeta necesita ser humedecida con agua o solución de detergente neutro para su uso?

a) Bayeta de celulosa.
b) Bayeta ecológica.
c) Bayeta de tela sin tejer.
d) Bayeta preimpregnada.

10. ¿Qué tipo de bayeta no necesita ningún líquido específico para limpiar?

a) Bayeta de tela sin tejer.
b) Bayeta de celulosa.

c) Bayeta ecológica.
d) Bayeta multiusos.

11. ¿Para qué se utiliza principalmente la gamuza?

a) Limpiar el polvo de cristales y espejos.
b) Limpiar suelos.
c) Absorber líquidos.
d) Desinfectar superficies.

12. ¿Qué método se utiliza para clasificar los paños según la suciedad que deben limpiar?

a) Método de los tres colores.
b) Método de los dos cubos.
c) Método de limpieza profunda.
d) Método de desinfección cruzada.

13. ¿Qué herramienta formada por un mango y base trapezoidal se utiliza para realizar una limpieza higiénica del polvo en superficies lisas o rugosas?

a) Fregona.
b) Mopa.
c) Aspiradora.
d) Gamuza.

14. ¿Cuál es la característica principal de una fregona de microfibras con inserciones de goma?

a) Absorber grandes cantidades de líquido.
b) Ayudar a levantar la suciedad del suelo.
c) Ser desechable.
d) No necesitar escurridor.

15. ¿Qué tipo de utensilio de limpieza, si se ha utilizado para la desinfección de algún área, debe ser sumergido en desinfectante por tres o cuatro horas para su mantenimiento?

a) Fregona.
b) Bayeta.
c) Paño.
d) Mopa.

16. ¿Cuál es una característica importante de un carro mopa especial?

a) Escurridor de palanca corta.
b) Sistema limpiador de agua.

c) Material de madera.
d) Sin ruedas.

17. ¿Qué maquinaria de limpieza debe contar con protección eléctrica Clase I?

a) Aspiradora de polvo.
b) Fregadora automática.
c) Maquinaria de limpieza en general.
d) Toda la maquinaria de limpieza debe contar con protección eléctrica Clase II.

18. ¿Qué tipo de aspirador tiene un filtro total HEPA?

a) Aspirador de agua.
b) Aspirador de polvo.
c) Fregadora automática.
d) Son correctas las opciones a) y b).

19. ¿Cuál es una función del depósito del aplicador de desinfectante?

a) Aspirar polvo.
b) Barrer superficies.
c) Dosificar correctamente el producto desinfectante.
d) Limpiar cristales.

20. ¿Qué componente del aplicador de desinfectante permite utilizar paños intercambiables?

a) Depósito.
b) Eje.
c) Soporte.
d) Asa.

21. ¿Cuál es una característica de los carros de limpieza con sistema de doble cubo?

a) Superficies rugosas.
b) Sin ruedas.
c) Con bandeja para dos cubetas de distinto color.
d) Sin frenos.

22. ¿Qué material de limpieza se usa para limpiar cristales y espejos?

a) Mopa.
b) Gamuza.
c) Bayeta de celulosa.
d) Fregona.

23. ¿Qué tipo de protección debe tener la maquinaria de limpieza en general contra humedad?

a) Clase IP 40.
b) Clase III.
c) Protección específica contra sobrecalentamiento.
d) Sin protección.

24. ¿Cuál es la función principal de la prensa automática del carro mopa en relación con el usuario?

a) Facilitar el transporte de mopas.
b) Almacenar productos de limpieza.
c) Evitar lesiones musculares y de articulaciones.
d) Mejorar la limpieza de suelos.

25. ¿Qué debe incluir el carro de limpieza para el sistema de doble cubo o rasante además de los cubos y escurrefregona?

a) Contenedor de residuos.
b) Textiles como mopas, gamuzas y bayetas.
c) Delantal.
d) Barreras de seguridad.

Solución al test n.º 9

1. d) Resistente al calor.

2. b) Monocepillo.

3. c) Pasillos.

4. c) De distinto color.

5. c) Amarillo.

6. b) 15 centímetros.

7. a) Azul y rojo.

8. c) Con detergente neutro.

9. c) Bayeta de tela sin tejer.

10. c) Bayeta ecológica.

11. a) Limpiar el polvo de cristales y espejos.

12. a) Método de los tres colores.

13. b) Mopa.

14. b) Ayudar a levantar la suciedad del suelo.

15. a) Fregona.

16. b) Sistema limpiador de agua.

17. d) Toda la maquinaria de limpieza debe contar con protección eléctrica Clase II.

18. d) Son correctas las opciones a) y b).

19. c) Dosificar correctamente el producto desinfectante.

20. c) Soporte.

21. c) Con bandeja para dos cubetas de distinto color.

22. b) Gamuza.

23. a) Clase IP 40.

24. c) Evitar lesiones musculares y de articulaciones.

25. b) Textiles como mopas, gamuzas y bayetas.

TEST N.º 10

Productos de limpieza. Características y aplicaciones

1. ¿Cuál es el desinfectante de alto nivel para equipo médico como endoscopios, tubos de espirómetro, dializadores, transductores, equipos de terapia respiratoria y de anestesia?

a) La lejía.
b) El formaldehído.
c) El glioxal.
d) El glutaraldehído.

2. ¿Qué tipo de detergentes compatibles con la lejía, tienen gran poder emulsionante y una capacidad antiséptica baja ya que no produce selección de gérmenes?

a) Los detergentes no iónicos.
b) Los detergentes anfóteros.
c) Los detergentes aniónicos.
d) Los detergentes catiónicos.

3. ¿Qué tipo de detergentes actúan como catiónicos o aniónicos dependiendo del medio en el que se encuentren, son compatibles con el resto de tensioactivos, con la piel y mucosas y tienen baja sensibilidad a las aguas duras?

a) Los detergentes no iónicos.
b) Los detergentes anfóteros.
c) Los detergentes aniónicos.
d) Los detergentes catiónicos.

4. Señala la respuesta incorrecta respecto a los detergentes alcalinos o básicos:

a) Son productos de gran eficacia, pero de elevado poder corrosivo.
b) Son productos de gran eficacia en los procesos de limpieza de la suciedad en general.
c) Son los más indicados para manchas proteicas y también para manchas de grasa.
d) Son aquellos cuyo pH supera el valor de 9.

5. Los detergentes neutros son aquellos cuyo nivel de pH:

a) Es de 5.
b) Es inferior a 5.
c) Supera el valor de 9.
d) Está comprendido entre 6 y 8.

6. Señala una de las características del desinfectante ideal:

a) Estable, tanto en la forma concentrada como en la diluida del producto.
b) Solubilidad en agua.
c) Amplio espectro (bactericida, virucida, fungicida y esporicida).
d) Todas las respuestas son correctas.

7. ¿Cómo se denomina el compuesto que reduce pero no necesariamente elimina los microorganismos desde el medioambiente inanimado y suele ser utilizado generalmente en contacto con los alimentos?

a) Desinfectante de hospital.
b) Detergente desinfectante.
c) Sanitizante.
d) Desinfectante general o de amplio espectro.

8. Señala la respuesta incorrecta respecto a la lejía:

a) Su contenido en cloro activo no será inferior a 35 g/l, ni superior a 100 g/l.
b) Es estable aunque tiene poco efecto remanente y se inactiva muy fácilmente en presencia de materia orgánica.
c) Es el derivado clorado más utilizado, pues tiene un amplio espectro antibacteriano.
d) Es de acción rápida y a la vez económica.

9. ¿Cuál es la dilución de uso de la lejía para zonas de alto riesgo?

a) 1:50 (9,8 litros de agua y 200 ml de lejía).
b) 1:10 (9 litros de agua y 1 de lejía).
c) 2:10 (8 litros de agua y 2 de lejía).
d) 5:10 (5 litros de agua y 5 de lejía).

10. Señala la respuesta incorrecta respecto a los fenoles:

a) Se utilizan en la desinfección de objetos inanimados, superficies y ambiente a la concentración del 1 al 5 %.
b) Son poco solubles en agua, pero unidos a jabones y lejías se obtienen emulsiones densas y estables.
c) De acción rápida en 10 o 15 minutos.
d) Son activos frente a hongos y bacterias Gram (+) y menos frente a las Gram (-).

11. ¿Cuál es la concentración óptima del alcohol?

a) 90 %.
b) 75 %.
c) 70 %.
d) 50 %.

12. Señala la respuesta correcta respecto al alcohol:

a) El alcohol etílico es un buen desinfectante de superficies, de acción lenta y alta potencia.
b) Su actividad depende de la concentración, situándose su máxima actividad entre 40 y 60º.
c) Los alcoholes se inactivan en presencia de materia orgánica.
d) Tiene un tiempo de acción mínimo de 5 minutos.

13. Respecto a los desinfectantes basados en oxígeno activo debemos saber que:

a) Puede utilizarse sobre acero inoxidable de baja calidad ya que no es oxidante.
b) Es recomendable para la limpieza y desinfección de todo tipo de superficies.
c) No se recomienda para incubadoras, utillaje y aparatos.
d) Solo actúan en superficies limpias.

14. Señala la respuesta incorrecta:

a) Los limpiametales se aplican sobre aquellos metales que no puedan limpiarse con solución de detergente neutro.
b) Los limpiacristales se pulverizan, se dejan secar y posteriormente se retiran con bayeta seca.
c) Los limpiamuebles pueden ser sustituidos por una bayeta humedecida en solución de detergente neutro.
d) Los limpiamuebles se deben aplicar en la bayeta inmediatamente antes de su uso y, a ser posible, sobre mobiliario no lavable.

15. ¿Qué tipo de detergentes no se disocian en el agua, por lo que carecen de carga y apenas alteran la función barrera cutánea, se emplean para regular la presencia de espuma en los tensioactivos aniónicos y son solubles en agua, funcionando bien en aguas duras?

a) Los detergentes no iónicos.
b) Los detergentes anfóteros.
c) Los detergentes catiónicos.
d) Los detergentes aniónicos.

16. ¿Cómo se denominan los detergentes cuyo nivel de pH es de 5 o inferior, son de gran eficacia, pero de elevado poder corrosivo?

a) Detergentes neutros.
b) Detergentes básicos.
c) Detergentes ácidos.
d) Detergentes alcalinos.

17. ¿Cuál de los siguientes detergentes está destinado a superficies delicadas o en tratamientos de limpieza de gran frecuencia o escasa suciedad, algo determinado por su poca agresividad?

a) Los detergentes neutros.
b) Los detergentes básicos.
c) Los detergentes ácidos.
d) Los detergentes alcalinos.

18. Señala la respuesta incorrecta respecto a los desinfectantes:

a) Son un agente químico que destruye o inhibe el crecimiento de microorganismos patógenos en fase vegetativa o no esporulada.
b) No necesariamente matan todos los organismos, pero los reducen a un nivel que no dañan la salud ni la calidad de los bienes perecederos.
c) Se aplican sobre objetos y materiales inanimados, como instrumentos y superficies, para tratar y prevenir la infección.
d) Tienen consideración de medicamentos los antisépticos para piel sana, incluidos los destinados al campo quirúrgico preoperatorio y los destinados a la desinfección del punto de inyección.

19. Señala la respuesta incorrecta respecto a la lejía:

a) La dilución se preparará días antes de su utilización para mayor eficacia y preferentemente en lugares ventilados.
b) No se mezclará con otros desinfectantes.
c) La dilución se debe hacer con agua fría.
d) Mantendremos el envase bien etiquetado, siempre cerrado y protegido de la luz.

20. ¿Qué materiales corroe la lejía?

a) El hierro.
b) El níquel.
c) El acero cromado.
d) Todas las respuestas son correctas.

21. ¿Cuál es el desinfectante de elección en instrumentos reutilizables para hemodiálisis?

a) La lejía.
b) El formaldehído.

c) El glioxal.
d) El glutaraldehído.

22. ¿Con qué letra se denominan las indicaciones de peligro de las etiquetas de los productos?

a) P.
b) R.
c) H.
d) S.

23. ¿Cómo se denomina el documento elaborado por el fabricante de una sustancia o mezcla química en la que se ofrece abundante información sobre sus riesgos?

a) Ficha de datos de seguridad.
b) Etiqueta.
c) envase.
d) Prospecto.

24. ¿Qué datos contendrá la FDS sobre la manipulación y almacenamiento del producto?

a) Precauciones para una manipulación segura.
b) Condiciones de almacenamiento seguro, incluidas posibles incompatibilidades.
c) Usos específicos finales.
d) Todas las respuestas son correctas.

25. ¿Qué tipo de peligro tienen las sustancias comburentes?

a) Físicos.
b) Químicos.
c) Para la salud.
d) Para el medio ambiente.

26. Cuando una sustancia o mezcla inducen cáncer o aumentan su incidencia, ¿cómo se denomina?

a) Mutagénica.
b) Carcinogénica.
c) Pirogénica.
d) Tóxica.

27. Si en la etiqueta de un producto aparece el siguiente símbolo significa qué es:

a) Peligroso para el medio ambiente.
b) Nocivo.
c) Biodegradable.
d) Tóxico.

28. Los pictogramas de peligro son composiciones gráficas que contienen:

a) Un símbolo rojo sobre un fondo negro, con un marco naranja lo suficientemente ancho para ser claramente visible.

b) Un símbolo blanco sobre un fondo negro, con un marco rojo lo suficientemente ancho para ser claramente visible.

c) Un símbolo rojo sobre un fondo blanco, con un marco naranja lo suficientemente ancho para ser claramente visible.

d) Un símbolo negro sobre un fondo blanco, con un marco rojo lo suficientemente ancho para ser claramente visible.

29. Las indicaciones de peligro, llamadas H, se agrupan en:

a) Peligros para la salud humana.

b) Peligros físicos.

c) Peligros para el medio ambiente.

d) Todas las respuestas son correctas.

30. El documento que elabora el fabricante de una sustancia o mezcla química para informar de sus riesgos se llama:

a) Libro Técnico de Riesgos.

b) Ficha de Datos de Seguridad.

c) Libro de Instrucciones.

d) Nota Técnica de Prevención.

31. Los envases en que se presentan para la venta los productos de limpieza han de cumplir ciertos requisitos. ¿Cuál de los siguientes es falso?

a) Los materiales que constituyen los envases y sus cierres han de ser fácilmente solubles en el contenido para no entrar en reacción con él.

b) Los envases y sus cierres estará diseñados y fabricados de manera que sean estancos, fuertes y sólidos.

c) Los envases de los productos con un sistema de cierre reutilizable dispondrán de un cierre de características y diseños tales que una vez abiertos puedan ser nuevamente cerrados sin perder su carácter estanco.

d) La válvula de los productos envasados en aerosoles deberá permitir el cierre prácticamente hermético del generador de aerosol y estar protegida contra toda abertura involuntaria.

32. El Reglamento CLP establece tres tipos de peligros que pueden representar las sustancias o sus mezclas; señala la incorrecta:

a) Peligros para el medio ambiente.

b) Peligros físicos.

c) Peligros para la salud.

d) Peligros contagiables.

33. Según el Reglamento CLP, ¿en cuántas clases se agrupan los peligros relacionados con las propiedades fisicoquímicas de los productos?

a) En 2 clases.
b) En 6 clases.
c) En 10 clases.
d) En 16 clases.

34. Los líquidos inflamables son aquellos cuyo punto de inflamación no supera:

a) 60 ºC.
b) 80 ºC.
c) 93 ºC.
d) 110 ºC.

35. ¿Cómo se llaman las sustancias que en contacto con otras producen una reacción exotérmica?

a) Pirofóricas.
b) Explosivas.
c) Comburentes.
d) Corrosivas.

36. Las sustancias o mezclas líquidas o sólidas que, aún en pequeñas cantidades, pueden inflamarse al cabo de 5 minutos de entrar en contacto con el aire, se llaman:

a) Sustancias pirofóricas.
b) Sustancias comburentes.
c) Sustancias autorreactivas.
d) Sustancias explosivas.

37. Los peligros para la salud se hallan divididos, según el Reglamento CLP, en:

a) 20 clases y 35 categorías.
b) 2 clases y 5 categorías.
c) 10 clases y 25 categorías.
d) 16 clases y 45 categorías.

38. No se considera toxicidad aguda cuando los efectos adversos se manifiestan:

a) Tras la administración por vía oral de una sola dosis de una sustancia o mezcla.
b) Tras dosis múltiples administradas a lo largo de 24 horas.
c) Como consecuencia de una exposición por inhalación durante 4 horas.
d) Tras la administración por vía cutánea de entre 10 a 20 dosis de una sustancia o mezcla.

39. Se clasifican como irritantes oculares las sustancias que, como consecuencia de su aplicación en la superficie anterior del ojo, producen alteraciones oculares totalmente reversibles en:

a) Las 4 horas siguientes a la aplicación.
b) Las 24 horas siguientes a la aplicación.
c) Los 10 días siguientes a la aplicación.
d) Los 21 días siguientes a la aplicación.

40. En el etiquetado de un producto de limpieza, las palabras que indican el nivel relativo de gravedad de los peligros para alertar al consumidor de la existencia de un peligro potencial, se denominan:

a) Palabras de advertencia.
b) Consejos de prudencia.
c) Pictogramas.
d) Frases R.

41. ¿Cuál de las siguientes es una palabra de advertencia asociada a las categorías menos graves, según el Reglamento CLP?

a) Cuidado.
b) Ojo.
c) Atención.
d) Prudencia.

42. ¿De qué advierte el pictograma de la figura en una etiqueta de un producto de limpieza?

a) Sustancia inflamable.
b) Sustancia comburente.
c) Sustancia corrosiva.
d) Sustancia explosiva.

43. Al utilizar un producto químico con el siguiente pictograma, hay que recordar que se trata de una sustancia:

a) Corrosiva.
b) Dañina para el medio ambiente.
c) Tóxica.
d) Gas bajo presión.

44. Las frases de riesgo, R, de las etiquetas de los productos químicos han sido sustituidos en el nuevo Reglamento CLP por:

a) Las frases H, indicaciones de peligro.
b) Los consejos de prudencia, P.

c) Las palabras de advertencia.
d) Los pictogramas.

45. Las frases EUH en la etiqueta de un producto, contienen:

a) Indicaciones de peligro para la salud humana.
b) Consejos de prudencia.
c) Frases de advertencia.
d) Información suplementaria sobre los peligros.

46. Los nuevos consejos de prudencia en las etiquetas de los productos, equivalen a las anteriores:

a) Indicaciones de peligro.
b) Frases S.
c) Frases R.
d) Palabras de peligro.

47. El etiquetado de aquellos detergentes que resulten clasificados como productos peligrosos:

a) Deberá cumplir el Reglamento sobre clasificación, envasado y etiquetado de preparados peligrosos vigente.
b) Bastará con cumplir sólo el etiquetado de la Reglamentación técnico-sanitaria para la elaboración, circulación y comercio de detergentes y limpiadores.
c) No está sujeta a obligaciones de etiquetado.
d) La etiqueta deberá ser de color naranja.

48. En el caso de que un producto limpiador sea considerado como producto peligroso, actualmente el fabricante debe incluir en su etiquetado un pictograma de peligro que será:

a) Cuadrado y apoyado sobre un lado.
b) Cuadrado y apoyado sobre un vértice.
c) Redondo.
d) Rectangular apoyado sobre el lado mayor.

49. En la tabla de almacenamiento con sus respectivos iconos, el signo "0" entre productos nos indica:

a) Puede almacenarse junto.
b) No debe almacenarse junto.
c) Solamente podrán almacenarse juntos, adoptando ciertas medidas.
d) Debe estar siempre vacío.

50. ¿Qué es falso del almacenamiento de los productos de limpieza?

a) Se debe utilizar en las zonas bajas de las estanterías los productos más voluminosos y los más utilizados.

b) Almacenar las sustancias peligrosas debidamente separadas.

c) A mayor producto almacenado, menor riesgo.

d) Almacenar las sustancias peligrosas agrupadas por el tipo de riesgo que pueden generar y respetando las incompatibilidades que existen entre ellas

51. Los productos de limpieza pueden:

a) Provocar incendios o explosiones.

b) Emitir gases peligrosos.

c) Son ciertas las respuestas a) y b).

d) Generalmente son inocuos, y no debe existir precauciones en su almacenamiento.

52. ¿Qué cantidades de productos químicos de limpieza se guardarán en los lugares de trabajo?

a) Suficientes para un mes de trabajo.

b) Suficientes para una semana de trabajo.

c) Las que sean estrictamente necesarias para el desarrollo de la actividad diaria.

d) No es necesario tener controles estrictos de cantidades de productos químicos de limpieza.

53. ¿Cómo deben almacenarse las sustancias peligrosas empleadas en la limpieza?

a) Separadas y obviando las incompatibilidades que existen entre ellas.

b) Agrupadas por diferentes tipos de riesgo.

c) Obviando las incompatibilidades que existen entre ellas.

d) Separadas, agrupadas por el tipo de riesgo que pueden generar y respetando las incompatibilidades que existen entre ellas.

54. ¿Qué productos de estos pueden estar cerca unos de otros ya que no son reactivos entre sí?

a) La lejía y el salfumán.

b) La lejía y el amoníaco.

c) La lejía, el salfumán, el amoníaco.

d) Todos son reactivos entre sí, y no pueden acercarse unos con otros.

55. Todo lo que se dice de las recomendaciones de almacenaje de productos químicos empleados en limpieza es cierto, excepto:

a) Elegir el recipiente adecuado para guardar cada tipo de sustancia química.

b) Guardar los líquidos peligrosos en recipientes abiertos.

c) Tener en cuenta que el frío y el calor deterioran el plástico, por lo que este tipo de envases que contenga productos químicos de limpieza deben ser revisados con frecuencia.

d) Todos los envases que contenga productos químicos de limpieza deben tener su correspondiente etiqueta.

56. ¿Qué productos químicos se sitúan en las zonas más bajas de las estanterías?

a) Los productos más voluminosos y los menos utilizados.
b) Los productos más voluminosos y los más utilizados.
c) Los productos menos voluminosos y los menos utilizados.
d) Los productos menos voluminosos y los más utilizados.

Solución al test n.º 10

1. d) El glutaraldehído.

2. c) Los detergentes aniónicos.

3. b) Los detergentes anfóteros.

4. a) Son productos de gran eficacia, pero de elevado poder corrosivo.

5. d) Está comprendido entre 6 y 8.

6. d) Todas las respuestas son correctas.

7. c) Sanitizante.

8. b) Es estable aunque tiene poco efecto remanente y se inactiva muy fácilmente en presencia de materia orgánica.

9. b) 1:10 (9 litros de agua y 1 de lejía).

10. d) Son activos frente a hongos y bacterias Gram (+) y menos frente a las Gram (-).

11. c) 70 %.

12. c) Los alcoholes se inactivan en presencia de materia orgánica.

13. b) Es recomendable para la limpieza y desinfección de todo tipo de superficies.

14. d) Los limpiamuebles se deben aplicar en la bayeta inmediatamente antes de su uso y, a ser posible, sobre mobiliario no lavable.

15. a) Los detergentes no iónicos.

16. c) Detergentes ácidos.

17. a) Los detergentes neutros.

18. d) Tienen consideración de medicamentos los antisépticos para piel sana, incluidos los destinados al campo quirúrgico preoperatorio y los destinados a la desinfección del punto de inyección.

19. a) La dilución se preparará días antes de su utilización para mayor eficacia y preferentemente en lugares ventilados.

20. d) Todas las respuestas son correctas.

21. b) El formaldehído.

22. c) H.

23. a) Ficha de datos de seguridad.

24. d) Todas las respuestas son correctas.

25. a) Físicos.

26. b) Carcinogénica.

27. a) Peligroso para el medio ambiente.

28. d) Un símbolo negro sobre un fondo blanco, con un marco rojo lo suficientemente ancho para ser claramente visible.

29. d) Todas las respuestas son correctas.

30. b) Ficha de Datos de Seguridad.

31. a) Los materiales que constituyen los envases y sus cierres han de ser fácilmente solubles en el contenido para no entrar en reacción con él.

32. d) Peligros contagiables.

33. d) En 16 clases.

34. a) 60 ºC.

35. c) Comburentes.

36. a) Sustancias pirofóricas.

37. c) 10 clases y 25 categorías.

38. d) Tras la administración por vía cutánea de entre 10 a 20 dosis de una sustancia o mezcla.

39. d) Los 21 días siguientes a la aplicación.

40. a) Palabras de advertencia.

41. c) Atención.

42. d) Sustancia explosiva.

43. a) Corrosiva.

44. a) Las frases H, indicaciones de peligro.

45. d) Información suplementaria sobre los peligros.

46. b) Frases S.

47. a) Deberá cumplir el Reglamento sobre clasificación, envasado y etiquetado de preparados peligrosos vigente.

48. b) Cuadrado y apoyado sobre un vértice.

49. c) Solamente podrán almacenarse juntos, adoptando ciertas medidas.

50. c) A mayor producto almacenado, menor riesgo.

51. c) Son ciertas las respuestas a) y b).

52. c) Las que sean estrictamente necesarias para el desarrollo de la actividad diaria.

53. d) Separadas, agrupadas por el tipo de riesgo que pueden generar y respetando las incompatibilidades que existen entre ellas.

54. d) Todos son reactivos entre sí, y no pueden acercarse unos con otros.

55. b) Guardar los líquidos peligrosos en recipientes abiertos.

56. b) Los productos más voluminosos y los más utilizados.

Conocimiento de materiales y herramientas utilizadas en el Servicio de Limpieza Viaria

1. La principal herramienta del operario encargado del barrido manual de un sector es:

a) La manguera.
b) La escoba.
c) El cepillo.
d) La espátula.

2. Las dos partes fundamentales de la escoba son:

a) Mango y mazo.
b) Palo y pala.
c) Cabeza y tronco.
d) Cepillo y asidero.

3. La mayoría de los cepillos modernos contienen manojos de fibra de:

a) Retama.
b) Aluminio.
c) Polipropileno.
d) Polietileno.

4. El mazo de fibra sintética de las escobas actuales tienen una vida media de:

a) 3 o 4 jornadas de trabajo.
b) Entre 10 y 20 jornadas de trabajo.
c) Entre 30 y 45 jornadas de trabajo.
d) Más de 100 jornadas de trabajo.

5. Para arrastrar y amontonar los residuos que se encuentran en aceras, bordillos y calzadas se utiliza:

a) La aspiradora de mochila.
b) Las pinzas.

c) El escobijo.
d) La escoba.

6. Dentro de los utensilios del operario que tiene a su cargo el barrido manual de un determinado sector, no está:

a) La azada.
b) El escobijo.
c) El cepillo.
d) La manguera.

7. Las fibras del cepillo de barrendero tienen, por lo general, una longitud de:

a) 10 cm.
b) 20 cm.
c) 40 cm.
d) 50 cm.

8. La herramienta utilizada como alternativa a la escoba, para el arrastre de residuos en el pavimento, con mayor capacidad aún de arrastre, es:

a) La pala.
b) El escobillo.
c) El cepillo.
d) Las tablillas.

9. En el barrido manual, una vez amontonados los residuos, se retiran y depositan en los contenedores del carrito, con:

a) El escobillo y el recogedor.
b) La espátula y la pala.
c) Las tablillas y la sopladora.
d) La escoba y las pinzas.

10. La pala más adecuada para recoger residuos de alta densidad, como la arena y la sal, es:

a) La pala grande de carbonero.
b) La pala cuadrada pequeña.
c) La pala redonda.
d) La pala rectangular con rebordes altos.

11. La mayoría de los recogedores, en la actualidad, son del siguiente material:

a) Acero.
b) Madera.

c) Plástico flexible.
d) Aluminio.

12. Las tablillas son un utensilio utilizado en algunos lugares, para el barrido manual, para:

a) Desincrustar chicles de las aceras.
b) Arrastrar, amontonar y recoger residuos en pequeños espacios.
c) Cepillar amplias áreas de acerado.
d) Trasladar residuos de la bolsa del carrito al contenedor.

13. Un cepillo pequeño que se utiliza para empujar hacia la pala o el recogedor los residuos amontonados previamente, es:

a) El cepillo de púas.
b) El rastrillo.
c) La tablilla.
d) El escobijo o escobillo.

14. Entre los inconvenientes de la pala para la recogida de montones de residuos, no está:

a) La poca capacidad de carga.
b) La necesidad de cubrirla al levantarla para descargarla en el carrito sin que se derramen los residuos.
c) La necesidad de agacharse mucho para trabajar con ella.
d) Se ha de levantar con un solo brazo.

15. Una de las siguientes no es una característica del carrito que lleva el operario del barrido manual, ¿cuál?

a) Ser maniobrable, ligero y cómodo.
b) Contar con un espacio destinado a los útiles de limpieza y otro para uno o dos cubos de plástico.
c) Tienen, por lo habitual, dos ruedas.
d) Los actuales tienen un gran tamaño para evitar desplazamientos a los puntos de vertido.

16. Para retirar la hierba o maleza existente en el acerado, el operario del barrido manual utiliza:

a) Escoba y rascador.
b) Azada y rastrillo.
c) Espátula y pala.
d) Escobijo y palustre curvo.

17. El instrumento dotado de cuchillas y un mango largo, utilizado por el operario del barrido manual para desincrustar sustancias pegadas al pavimento, es:

a) El rascador.
b) El cepillo de púas.
c) El rastrillo.
d) El escobijo.

18. Por regla general, las bolsas que llevan en el carrito los operarios encargados del barrido de un sector, para el transporte de los residuos que van retirando, tienen una capacidad de:

a) 10 litros.
b) 20 litros.
c) 120 litros.
d) 400 litros.

19. La mayor parte de las bolsas utilizadas por los operarios del servicio de barrido manual, están hechas de:

a) Papel.
b) Polietileno.
c) Lona.
d) Propileno.

20. Las mangueras más recomendables en el servicio de baldeo manual tienen han de tener una longitud de unos:

a) 10 metros.
b) 25 metros.
c) 50 metros.d) 100 metros.

21. El dispositivo que se acopla en la boca de la manguera y permite al operario abrir, regular, y cerrar el chorro, se llama:

a) Snack.
b) Chorrera.
c) Pulverizador.
d) Lanza de latón.

22. La herramienta del operario de limpieza que utiliza para recoger pequeños objetos del suelo sin necesidad de agacharse, se llama pinzas recoge objetos, también conocidas como:

a) Lanza de latón.
b) Snack.
c) Pincho.
d) Armadura.

23. Las mangueras más habituales en el servicio de baldeo manual tienen un diámetro interior de:

a) 25 mm.
b) 40 mm.
c) 50 mm.
d) 85 mm.

24. Por regla general, las mangueras utilizadas en el baldeo manual han de ser capaces de echar el agua con una presión de:

a) 15 kg/cm².
b) 30 kg/cm².
c) 50 kg/cm².
d) 100 kg/cm².

25. El operario del servicio de baldeo manual dispone del mismo equipo que el del barrido manual, más:

a) Bomba de agua.
b) Manguera y sus accesorios.
c) Pinzas recoge objetos.
d) Cepillo de púas.

26. La mayoría de las lanzas de latón permiten regular el chorro produciendo tres efectos; señalar el incorrecto:

a) Cerrado.
b) Goteo.
c) Chorro sólido.
d) Chorro disperso.

27. Entre las características que ha de tener una manguera utilizada en el baldeo manual, no está:

a) Alta resistencia a la abrasión.
b) Acoplamiento estandarizado a la red pública de riego.
c) Pesada; para resistir el paso de los vehículos.
d) Alta resistencia al corte.

28. No es una característica de las mangueras del servicio de baldeo manual:

a) Gran diámetro, para soportar un gran caudal de agua.
b) Ligeras; para favorecer su utilización por un operario.
c) Cabezal de salida con llave de cierre y regulación del chorro.
d) Flexibles y manejables.

29. Ocasionalmente, los operarios de limpieza manual utilizan un pequeño cepillo para la limpieza de todo tipo de adherencias, como pinturas u óxidos, llamado:

a) Cepillo antiadherente.
b) Cepillo espátula.
c) Cepillo de púas.
d) Cepillo rascador.

30. El utensilio utilizado junto con el escobillo, en el que se cargan los residuos recién amontonados para su retirada y depósito en los contenedores del carrito o del vehículo que acompaña al operario, es:

a) El recogedor.
b) El capazo.
c) La azada.
d) La espátula.

Solución al test n.º 11

1. b) La escoba.

2. a) Mango y mazo.

3. c) Polipropileno.

4. c) Entre 30 y 45 jornadas de trabajo.

5. d) La escoba.

6. d) La manguera.

7. a) 10 cm.

8. c) El cepillo.

9. a) El escobillo y el recogedor.

10. b) La pala cuadrada pequeña.

11. c) Plástico flexible.

12. b) Arrastrar, amontonar y recoger residuos en pequeños espacios.

13. d) El escobijo o escobillo.

14. c) La necesidad de agacharse mucho para trabajar con ella.

15. d) Los actuales tienen un gran tamaño para evitar desplazamientos a los puntos de vertido.

16. b) Azada y rastrillo.

17. a) El rascador.

18. c) 120 litros.

19. b) Polietileno.

20. b) 25 metros.

21. d) Lanza de latón.

22. b) Snack.

23. a) 25 mm.

24. a) 15 kg/cm^2.

25. b) Manguera y sus accesorios.

26. b) Goteo.

27. c) Pesada; para resistir el paso de los vehículos.

28. a) Gran diámetro, para soportar un gran caudal de agua.

29. c) Cepillo de púas.

30. a) El recogedor.

TEST N.º 12

Conocimientos básicos sobre: Mantenimiento de máquinas y herramientas utilizadas en trabajos a realizar por un Operario de Servicios de Limpieza Viaria y forma adecuada de uso

1. El vehículo auxiliar más utilizado en el barrido manual es:

a) El triciclo.
b) La bicicleta.
c) El motocarro.
d) La motocicleta

2. El vehículo que se utiliza para desplazar al sector de limpieza equipos de trabajo de más de dos operarios es:

a) El camión de brigada.
b) El vehículo auxiliar.
c) La barredora.
d) El motocarro.

3. Las máquinas autopropulsadas utilizadas para el barrido mecánico son:

a) Los vehículos auxiliares.
b) Las autobaldeadoras.
c) Los camiones de brigada.
d) Las barredoras o autobarredoras.

4. ¿Cuál de las siguientes características no es propia de una barredora mecánica?

a) Dos cepillos o grupos de cepillos redondos rotatorios con velocidad regulada por el propio conductor.
b) Cuentan con un dispositivo de humectación para evitar la formación de polvo por la acción de los cepillos sobre el pavimento.
c) Suelen disponer de dos depósitos; uno para el agua del sistema de humectación y otro para almacenamiento de los residuos.
d) Cuentan con cabina ampliada para trasladar a un buen número de operarios.

5. El dispositivo acoplado en la parte superior de la autobarredora, sujeto por una pértiga giratoria, que permite a un operario auxiliar el succionado de residuos acumulados en puntos concretos o que hayan sido previamente amontonados por el servicio de limpieza de forma manual, se llama:

a) Manguera de baja presión.
b) Aspiradora mecánica.
c) Mangote de aspiración.
d) Cepillo articulado.

6. Algunas barredoras incorporan un tercer cepillo que les permite ampliar la anchura de trabajo de la franja de calzada y acera o barrer a la vez calzada y acera; se trata de:

a) Un cepillo de eje vertical colocado en el extremo de un brazo articulado accionado hidráulicamente.
b) Un cepillo lateral situado a la altura de una de las ruedas delanteras.
c) Un cepillo central situado delante de la rueda trasera.
d) Un mangote de aspiración sujeto por una pértiga giratoria.

7. Las máquinas que poseen unos cepillos para arrancar, arrastrar y recolectar los residuos del pavimento para, inmediatamente después, depositarlos en tolvas o cintas transportadoras que los recogen y almacenan, se llaman:

a) Autobaldeadoras de calzadas.
b) Barredoras de arrastre.
c) Barredoras de aspiración.
d) Fregadoras.

8. Las barredoras de arrastre cuentan con dos tipos de cepillos:

a) Cepillos giratorios y cepillo fijo.
b) Cepillos circulares y cepillo longitudinal.
c) Cepillos laterales y cepillo central.
d) Cepillos de calzada y cepillos de acera.

9. ¿Cuál de las siguientes opciones referida a las barredoras de arrastre es falsa?

a) A menudo van montadas sobre chasis autoportante.
b) Apenas alcanzan los 50 km/h.
c) Suelen tener tres ruedas (una delantera y dos traseras).
d) Las tolvas se elevan hasta una altura que les permite descargar sobre contenedores o sobre cajas de camión.

10. Señalar la opción incorrecta respecto a las barredoras de aspiración:

a) Se utilizan fundamentalmente en zonas de menor grado de ensuciamiento en las que se desea lograr un acabado más perfecto.

b) Los cepillos tienen como misión concentrar los residuos bajo la tolva, donde son aspirados y almacenados en un depósito.

c) El operario que dirige la máquina va adaptando a cada momento el ancho de barrido y el ángulo de incidencia de los cepillos sobre el pavimento.

d) Una de las principales ventajas es el tamaño de los residuos, ya que se puede aplicar sobre residuos de todos los tamaños.

11. Para barrer puntos del pavimento de difícil acceso, como las zonas bajo los bancos o rincones de pequeñas dimensiones, las barredoras de aspiración cuentan con:

a) Mangote succionador.

b) Tercer cepillo acoplado a un brazo articulado.

c) Bomba de presión.

d) Manguera a presión.

12. ¿Cuál es el principal inconveniente de las barredoras de aspiración de gran capacidad montadas sobre camión?

a) Tener que descargar por volquete.

b) La baja velocidad de transporte.

c) El barrido de puntos de difícil acceso.

d) El pequeño ancho de barrido.

13. Para la limpieza de los alcorques de los árboles, lo más adecuado es:

a) Una barredora de aspiración con mangote.

b) Una baldeadora de alta presión.

c) Una barredora de arrastre.

d) Una baldeadora lavaaceras.

14. Las minibarredoras son pequeñas barredoras muy adecuadas para:

a) El barrido de repaso en áreas peatonales con elevada intensidad de tráfico.

b) El lavado de calzadas estrechas.

c) Limpieza de bordillos en calles con coches estacionados a ambos lados.

d) Zonas alejadas de la periferia, como son las áreas industriales.

15. Entre las principales características de una minibarredora, no figura que:

a) Funcionan con motor.

b) Están montadas sobre chasis autoportante.

c) Cuentan para los residuos con un depósito con capacidad inferior a 300 litros.
d) Su sistema de carga es por arrastre.

16. ¿Cuál de estas características no corresponde a una barredora manual?

a) Carecen de cepillos.
b) Se mueven por la fuerza o empuje del operario que las conduce.
c) Cuentan con un depósito con una capacidad inferior a 300 litros para los residuos.
d) Su sistema de carga es por aspiración.

17. Por lo general, el ancho de barrido de una minibarredora es de unos:

a) 40 cm.
b) 75 cm.
c) 110 cm.
d) 150 cm.

18. Las aspiradoras son máquinas indicadas para el repaso de la limpieza en lugares concretos de las áreas peatonales en que se acumula la suciedad o como máquina auxiliar de una barredora de aceras para acceder a rincones a los que no llegan los cepillos de la barredora. Una de sus principales características es:

a) Su gran tamaño.
b) Sólo tienen un cepillo.
c) En aceras y calzadas de poco tránsito sustituyen a barredoras y baldeadoras.
d) Capacidad de carga de residuos reducida a una bolsa de plástico de 120 litros.

19. El vehículo auxiliar para el baldeo manual, cuenta con una manguera y un grupo compuesto por un motor auxiliar y una bomba, que permite incrementar la presión del agua procedente de la red hasta alcanzar una presión próxima a:

a) 15 atmósferas.
b) 50 atmósferas.
c) 100 atmósferas.
d) 300 atmósferas.

20. Las siguientes características: cabina ampliada para poder transportar a varios operarios; depósito de agua con capacidad entre 5 y 16 metros cúbicos; grupo motor auxiliar-bomba ubicado entre la cabina y el depósito; cuentan con varias tomas de agua para efectuar el llenado del depósito con carga lateral o con carga en altura; en la parte posterior cuentan con un carrete accionado por una manivela capaz de contener 80 metros de manguera; corresponden a:

a) Una autobaldeadora.
b) Un camión de brigada.

c) Una barredora.
d) Una aspiradora.

21. La baldeadora de calzada se denomina también:

a) Autobastidor cisterna.
b) Autobaldeadora de alta presión.
c) Autofregadora.
d) Hidrolimpiadora de baja presión.

22. Las baldeadoras de calzada proyectan agua sobre el pavimento a una presión alrededor de:

a) 15 atm.
b) 30 atm.
c) 60 atm.
d) 110 atm.

23. El depósito de la baldeadora de alta presión, ubicado en el propio chasis del vehículo, tiene, por regla general, una capacidad de:

a) 300 litros.
b) 800 litros.
c) 4.000 litros.
d) Este tipo de baldeadora carece de depósito.

24. ¿Cuál de las siguientes características no es propia de una baldeadora lava-aceras?

a) Es una autobaldeadora de alta presión.
b) Solo requiere una fuerza de impacto de 5 kilopondios.
c) Suelen montarse sobre bastidores autoportantes de 3 o 4 ruedas.
d) Están formadas por una cisterna, una bomba de impulsión y un circuito con diferentes tipos de salidas y un sistema de mando.

25. ¿Cuál de las siguientes características no es propia de la autofregadora?

a) Dispone de un sistema de secado mediante aspiración.
b) Carece de cepillos.
c) Normalmente, disponen de dos depósitos, uno para el agua limpia y otro para el agua sucia que se va recogiendo.
d) El suministro de agua se realiza a través de las bocas de riego.

26. El caudal de agua en una máquina de baldeo, se puede medir en:

a) Kilos por centímetro cuadrado.
b) Atmósferas.

c) Bares.
d) Litros por hora.

27. Para el fregado de superficies inaccesibles a la autofregadora común, se utiliza:

a) La sopladora.
b) La minibarredora.
c) La aspiradora.
d) El hidrolimpiador.

28. El tubo enrollado en doble capa, donde se produce la combustión que genera el calor que calienta el agua de una hidrolimpiadora, se llama:

a) Mangote.
b) Lanza.
c) Serpentín.
d) Regulador.

29. ¿Qué tipo de hidrolimpiadora se recomienda para un uso de tres o cuatro horas diarias?

a) Hidrolimpiadora de bricolaje.
b) Hidrolimpiadora semiprofesional.
c) Hidrolimpiadora profesional.
d) Hidrolimpiadora eléctrica.

30. La limpieza de sumideros y mantenimiento del alcantarillado se hace a través de:

a) Una hidrolimpiadora.
b) Una sopladora.
c) Un camión succionador.
d) Una autobaldeadora de alta presión.

Solución al test n.º 12

1. c) El motocarro.

2. a) El camión de brigada.

3. d) Las barredoras o autobarredoras.

4. d) Cuentan con cabina ampliada para trasladar a un buen número de operarios.

5. c) Mangote de aspiración.

6. a) Un cepillo de eje vertical colocado en el extremo de un brazo articulado accionado hidráulicamente.

7. b) Barredoras de arrastre.

8. c) Cepillos laterales y cepillo central.

9. c) Suelen tener tres ruedas (una delantera y dos traseras).

10. d) Una de las principales ventajas es el tamaño de los residuos, ya que se puede aplicar sobre residuos de todos los tamaños.

11. b) Tercer cepillo acoplado a un brazo articulado.

12. a) Tener que descargar por volquete.

13. a) Una barredora de aspiración con mangote.

14. a) El barrido de repaso en áreas peatonales con elevada intensidad de tráfico.

15. d) Su sistema de carga es por arrastre.

16. a) Carecen de cepillos.

17. b) 75 cm.

18. d) Capacidad de carga de residuos reducida a una bolsa de plástico de 120 litros.

19. a) 15 atmósferas.

20. a) Una autobaldeadora.

21. b) Autobaldeadora de alta presión.

22. c) 60 atm.

23. c) 4.000 litros.

24. a) Es una autobaldeadora de alta presión.

25. b) Carece de cepillos.

26. d) Litros por hora.

27. d) El hidrolimpiador.

28. c) Serpentín.

29. b) Hidrolimpiadora semiprofesional.

30. c) Un camión succionador.

Nociones generales sobre la retirada de residuos. Residuos domésticos peligrosos. Residuos admitidos en puntos limpios fijos y móviles de Fuenlabrada

1. ¿Cómo se denomina el sistema de recogida separada que consiste en entregar los residuos al servicio municipal de recogida delante de la puerta de la vivienda o comercio, según un calendario semanal para cada fracción recogida y en un horario estipulado:

a) Sistema de recogida en punto limpio.
b) Sistema de recogida neumática.
c) Sistema de recogida separada puerta a puerta.
d) Sistema de recogida directa.

2. ¿Cuántos puntos fijos existen en la ciudad de León?

a) 5.
b) 3.
c) 2.
d) 1.

3. ¿Cómo se denomina el sistema de recogida neumática que cuenta con bajantes verticales conectados a unos contenedores que a su vez están conectados mediante tuberías entre ellos por grupos y cada uno de estos tiene un punto de succión donde se conecta un vehículo que aspira los residuos de forma periódica?

a) Sistema dinámico.
b) Sistema móvil.
c) Sistema central.
d) Sistema estático.

4. Señala cuál de los siguientes residuos no pueden ser depositados en los Puntos Limpios de la ciudad de León:

a) Botes vacíos de disolventes.
b) Baterías de automóviles.

c) Basuras domésticas.
d) Tóner.

5. Indica uno de los residuos que pueden depositarse en el Punto Limpio Móvil de León:

a) Pequeños envases contaminados.
b) Grandes enseres.
c) Electrodomésticos.
d) Botes de barnices llenos.

6. ¿Cómo se denomina el servicio consistente en un vehículo de recogida dotado de compartimentos para los diferentes residuos que se desplaza a distintos puntos de aportación establecidos (lugar y horario)?

a) Punto limpio próximo.
b) Punto limpio móvil.
c) Punto limpio exprés.
d) Punto limpio dinámico.

7. La capacidad de recepción de los contenedores en términos generales oscila entre:

a) 300-900 l/habitante/mes.
b) 500-1000 l/habitante/mes.
c) 600-1200 l/habitante/mes.
d) 800-1400 l/habitante/mes.

8. Según estudios de diferentes Estados de la UE, dependiendo del tipo de municipio y básicamente de la tipología y cantidad de actividad económica que este presente, el peso que representan los residuos de origen comercial dentro de los municipios se mueve en un intervalo entre:

a) Un 15 y un 30 %.
b) Un 20 y un 30 %.
c) Un 25 y un 40 %.
d) Un 30 y un 45 %.

9. Señala la respuesta incorrecta respecto a los criterios de selección y diseño del sistema o sistemas de recogida:

a) Se considera que el punto de recogida para los residuos ordinarios (5 fracciones) tendría que ser lo más cercano posible y no más lejos de 100 m.
b) Los colores, forma y rotulación de los contenedores o buzones son muy importantes para que los usuarios los puedan identificar fácilmente y no se produzcan errores en el momento del depósito.

c) El sistema de recogida debe ser cómodo y diseñado para todo tipo de público.

d) Con el fin de incentivar la recogida separada, el punto de recogida deberá de estar más alejado que el punto de recogida no separada.

10. ¿Cuántos residuos urbanos son generados en la provincia de León cada año?

a) 300.000 tm/año.
b) 225.000 tm/año.
c) 195.000 tm/año.
d) 130.000 tm/año.

11. ¿Qué tipo de residuos se suele mantener en el sistema de contenedores en lugar de en el sistema de recogida puerta a puerta?

a) Los envases de vidrio domiciliario.
b) Calzado.
c) Ropa.
d) Cápsulas de café monodosis.

12. ¿Cómo son también llamados en algunas zonas los Puntos Limpios?

a) Puntos Verdes.
b) Ecocentros.
c) Ecoparques.
d) Todas las respuestas son correctas.

13. ¿Cuál de los siguientes residuos no son admitidos en los Puntos Limpios?

a) Neumáticos.
b) Fluorescentes.
c) Aceite usado de automóvil.
d) Metales y chatarras.

14. Señala uno de los efectos colaterales positivos de las recogidas comerciales separadas:

a) Disminución de desbordamientos y puntos negros.
b) Mejora de la calidad de uso de los sistemas de recogida domiciliaria.
c) Disminución de las necesidades de contenerización.
d) Todas las respuestas son correctas.

15. ¿Qué día de la semana llevan a cabo los servicios del Ayuntamiento de León la recogida gratuita de muebles y enseres domésticos?

a) Todos los lunes por la mañana.
b) Todos los miércoles por la mañana.

c) Todos los jueves por la tarde.
d) Todos los viernes por la mañana.

16. ¿Cómo se denomina el sistema de recogida de residuos consistente en una serie de buzones de vertido conectados mediante tuberías subterráneas al punto de captura desde donde se realiza una aspiración del circuito?

a) Sistema de recogida en punto limpio.
b) Sistema de recogida neumática.
c) Sistema de recogida separada puerta a puerta.
d) Sistema de recogida directa.

17. ¿Dónde pueden ubicarse los buzones de recogida del sistema de recogida neumática?

a) En áreas comunitarias dentro de los edificios.
b) En el interior de las viviendas.
c) En áreas públicas exteriores, en acera o en la misma fachada de los edificios.
d) Todas las respuestas son correctas.

18. ¿Cómo se denomina el sistema de recogida neumática que cuenta con una central fija de recogida que puede ubicarse a nivel de la vía pública o subterránea y que cuenta con un ordenador que coordina los programas de vaciado periódicos o el vaciado por niveles de llenado de las válvulas de cada sección de la red?

a) Sistema dinámico.
b) Sistema móvil.
c) Sistema central.
d) Sistema estático.

19. Señala uno de los beneficios de los puntos limpios:

a) Ahorro económico al usar el objeto depositado como materia prima y ahorrar así en su extracción y transformación.
b) Permiten que residuos que pueden ser valorizados tengan una segunda vida y sean aprovechados y el ciudadano/a recibe una compensación económica por su entrega.
c) Facilita que los residuos tóxicos y peligrosos (RTP) se depositen junto con los residuos orgánicos.
d) Todas las respuestas son correctas.

20. Señala una de las ventajas que se derivan del sistema de recogida neumática de residuos:

a) Sin ruidos ni olores.
b) Se puede utilizar a cualquier hora y día.

c) Es un sistema fiable, rápido y seguro.
d) Todas las respuestas son correctas.

21. ¿Cómo se denominan las instalaciones fijas de menor tamaño que los Puntos Limpios fijos situadas dentro del casco urbano y normalmente repartidas por los diferentes barrios o zonas del municipio?

a) Puntos limpios de barrio.
b) Minipuntos limpios.
c) Multipuntos limpios.
d) Las respuestas a) y b) son correctas.

22. ¿Cómo se denominan los servicios privados de recogida de residuos asociados al Ayuntamiento y gestionados por antiguos chatarreros reconvertidos?

a) Puntos limpios particulares.
b) Puntos limpios colaboradores.
c) Puntos limpios independientes.
d) Puntos limpios semipúblicos.

23. La dotación de contenedores suele estar entre:

a) 50-100 habitantes/contenedor para áreas de acera y entre 150-250 para áreas de aportación en centros urbanos.
b) 75-125 habitantes/contenedor para áreas de acera y entre 150-250 para áreas de aportación en centros urbanos.
c) 75-125 habitantes/contenedor para áreas de acera y entre 200-250 para áreas de aportación en centros urbanos.
d) 100-150 habitantes/contenedor para áreas de acera y entre 225-275 para áreas de aportación en centros urbanos.

24. Señala la respuesta incorrecta respecto a los Puntos Limpios de la ciudad de León:

a) Se trata de un servicio gratuito.
b) En la ciudad existe un Punto Limpio móvil y dos Puntos Limpios más.
c) Las instalaciones permanecerán abiertas todos los días del año excepto fines de semana y festivos.
d) El Punto Limpio 1 permanece abierto de lunes a sábado de 9.30 a 21.00 h (en horario ininterrumpido).

25. Señala alguna de las líneas generales de actuación respecto a la recogida de residuos en zonas turísticas o de segundas residencias:

a) Desarrollo de programas de comunicación específicos para turistas.
b) Fomento de la recogida separada en zonas de alta concurrencia turística como playas, lugares de interés turístico, etc.

c) Desarrollo de programas de recogida especiales en zonas hoteleras, restaurantes, bares, etc., variable en función de la época del año.
d) Todas las respuestas son correctas.

26. ¿De dónde viene la definición de residuo como "aquellas materias generadas en las actividades de producción y consumo que no tienen, en el contexto en el que son producidas, ningún valor económico"?

a) La Guía Técnica de la Gestión de Residuos Municipales (2ª edición).
b) Ley 7/2022, de 8 de abril, de residuos y suelos contaminados para una economía circular.
c) OCDE.
d) Directiva 2008/98/CE de 19 de noviembre de 2008 sobre residuos.

27. ¿De dónde viene la definición de residuo como "cualquier sustancia u objeto que su poseedor deseche o tenga la intención o la obligación de desechar"?

a) La Guía Técnica de la Gestión de Residuos Municipales (2ª edición).
b) Ley 7/2022, de 8 de abril, de residuos y suelos contaminados para una economía circular.
c) OCDE.
d) Directiva 2008/98/CE de 19 de noviembre de 2008 sobre residuos.

28. Los escombros procedentes de obras menores de construcción y reparación domiciliaria son residuos:

a) Industriales.
b) Comerciales.
c) Constructivos.
d) Domésticos.

29. Para la gestión de los residuos comerciales el titular de la actividad podrá:

a) gestionarlo a través del canal municipal siempre que así lo permitan las correspondientes ordenanzas.
b) contactar con un gestor autorizado para su valorización.
c) Las opciones a) y b) son correctas.
d) Además de las opciones a) y b), debe de gestionarlos de acuerdo con las obligaciones de los poseedores o productores de residuos.

30. En la recogida separada, El modelo de recogida más conocido a nivel nacional es el que contempla tres fracciones. Indica la incorrecta:

a) Papel/cartón.
b) Vidrio.
c) Metales.
d) Envases ligeros.

31. Cualquier persona que efectúe operaciones de tratamiento previo, de mezcla o de otro tipo, que ocasionen un cambio de naturaleza o de composición de los residuos es:

a) Poseedor.
b) Gestor.
c) Analizador.
d) Productor.

32. No pertenece a la fracción orgánica de residuos:

a) Cartón.
b) Envase de plástico.
c) Madera.
d) Residuos de poda.

33. Dentro de los envases ligeros no se incluyen:

a) Los envases de vidrio.
b) Los envases de plástico.
c) Los envases de metal.
d) Tetrabrick.

34. El polipropileno (PP) se usa principalmente en envases de plástico tipo:

a) Bolsas de basura.
b) Para piezas de automóvil.
c) Botellas de detergente.
d) Láminas adhesivas.

35. El Polietileno de alta densidad (HDPE) se usa principalmente en envases de plástico tipo:

a) Bolsas de basura.
b) Para piezas de automóvil.
c) Botellas de detergente.
d) Láminas adhesivas.

36. El Polietileno de baja densidad (LDPE) se usa principalmente en envases de plástico tipo:

a) Bolsas de basura.
b) Para piezas de automóvil.
c) Botellas de detergente.
d) Láminas adhesivas.

37. ¿Qué significado tiene el siguiente símbolo?

a) Que es un producto que proviene de un producto reciclado.

b) Que es un producto que se puede reciclar.

c) Que es un producto que ha sido reciclado una sola vez.

d) Que es un producto que se ha creado con polietileno de alta densidad.

38. ¿Qué papel es de gran resistencia empleado en la fabricación de sacos de gran tamaño para materiales de construcción, alimentación animal, etc.?

a) De cartón ondulado.

b) Cartoncillo.

c) Kraft.

d) Prensa.

39. El vidrio extraclaro supone un …… % del vidrio para envases:

a) 60 %.

b) 10 %.

c) 5 %.

d) 25 %.

40. El vidrio verde supone un …… % del vidrio para envases:

a) 60 %.

b) 10 %.

c) 5 %.

d) 25 %.

41. Plataforma horizontal que se emplea como base para el transporte de mercancías:

a) Caja.

b) Horquilla.

c) Palet.

d) Carretilla.

42. indica la opción incorrecta en relación con los aceites de uso doméstico:

a) Se consideran residuos peligrosos.

b) Son residuos urbanos.

c) han sido usados en procesos de cocción de industrias alimentarias.

d) Debe evitarse su vertido por el desagüe.

43. La normativa vigente en la actualidad para la gestión de pilas y baterías fue publica en el año:

a) 2006.
b) 2008.
c) 2018.
d) 2020.

44. Es el conjunto de acumuladores conectados entre sí, formando una unidad integrada y cerrada dentro de una carcasa exterior no destinada a ser desmontada ni abierta por el usuario final:

a) Pila estándar.
b) Pila portátil.
c) Batería.
d) Pila industrial.

45. Los neumáticos de automóvil usados que cambia personalmente un particular por unos nuevos deberán:

a) Ser destruidos por el particular quemándolos.
b) Depositarse en un punto limpio.
c) Depositarlos en un taller que asegure su correcta gestión.
d) Las opciones b) y c) son correctas.

46. En España se han configurado seis modelos de separación de residuos de competencia municipal atendiendo a las distintas fracciones principales separadas en origen. ¿En cuántos modelos encontramos la fracción vidrio?

a) En el tipo I y II.
b) En el tipo III y VI.
c) En el tipo V, exclusivamente.
d) En los seis tipos.

47. ¿Qué residuo no estará contenido en la fracción papel/cartón?

a) Periódicos y revistas.
b) Propaganda impresa.
c) Papeles plastificados, encerados o metalizados.
d) Hueveras de cartón.

48. ¿Qué residuo estará contenido en la fracción húmeda?

a) Aceites.
b) Medicamentos.

c) Cenizas.
d) Pilas.

49. ¿Qué residuo estará contenido en la fracción resto?

a) Aceites.
b) Medicamentos.
c) Pilas.
d) Juguetes de plástico.

50. El cartoncillo es:

a) Un tipo de papel prensa.
b) Un tipo de papel higiénico y sanitario.
c) Un tipo de papel para impresión y escritura.
d) Un tipo de papel para envases y embalajes.

51. Según la Guía Técnica para la Gestión de Residuos Municipales y Limpieza Viaria, existen tres tipos de envases ligeros. Señalar cuál de los siguientes no es uno de ellos:

a) Envases y envoltorios de plástico.
b) Envases tetrabrick.
c) Envases espumosos.
d) Envases y envoltorios de metal.

52. ¿Cuál de los siguientes residuos puede considerarse dentro de la fracción orgánica?

a) Papel y cartón.
b) Tetrabricks.
c) Latas de conservas.
d) Botellas extraclaras para aguas minerales.

53. El principal componente con el que se elaboran los envases de vidrio, es:

a) Arena.
b) Carbonato cálcico.
c) Caliza.
d) Cuarzo.

54. ¿Cuál de los siguientes colores de los envases de vidrio es el más utilizado?

a) Blanco.
b) Extraclaro.

c) Opaco.
d) Verde.

55. En un envase, un triángulo formado por tres flechas en forma de ángulos, indica que ese envase:

a) Es plástico.
b) Es reciclable.
c) Proviene de material reciclado.
d) Es tóxico.

56. ¿Cuál de los siguientes residuos podría entrar a formar parte de la fracción "Metales (no envases)"?

a) Residuos de aparatos electrónicos.
b) Pilas y baterías.
c) Pomos de puertas.
d) Vehículos fuera de uso.

57. La fracción papel/cartón puede contener:

a) Bolsas de papel.
b) Pañales.
c) Tetrabricks.
d) Papeles plastificados.

58. La fracción papel/cartón no debe contener:

a) Propaganda impresa.
b) Envases de cartón.
c) Papeles metalizados.
d) Bolsas de papel.

59. La fracción "envases ligeros" puede contener:

a) Objetos de metal que no sean latas.
b) Juguetes de plástico.
c) Latas de conservas.
d) Cubos.

60. La fracción "envases ligeros" no debe contener:

a) Tetrabricks.
b) Tapas metálicas de frascos de cristal.
c) Envases de yogures.
d) Utensilios plásticos de cocina.

61. La fracción vidrio puede contener:

a) Cristales de ventana.
b) Bombillas.
c) Vasos.
d) Frascos de cosmética.

62. ¿Cuál de los siguientes modelos de separación de residuos es el llamado de Tipo I?

a) 5 fracciones.
b) Multiproducto.
c) Húmedo-seco.
d) 4 fracciones + poda.

63. El modelo de separación de residuos 3 fracciones, corresponde al tipo:

a) Tipo I.
b) Tipo III.
c) Tipo V.
d) Tipo VI.

64. La fracción "resto" puede contener el siguiente residuo:

a) Botellas de plástico.
b) Utensilios de vidrio: vasos, copas, jarras, figuras.
c) Restos de podas.
d) Restos orgánicos domiciliarios.

65. La fracción "resto" no debe contener:

a) Botellas y frascos de vidrio de cualquier color.
b) Utensilios de plástico como: utensilios de cocina, cubos, biberones, cajas de fruta.
c) Objetos de metal que no sean latas.
d) Utensilios de vidrio: vasos, copas, jarras, figuras.

66. Qué nombre reciben las instalaciones destinadas a recibir ciertos tipos de residuos domésticos que, bien por ser reciclables, o bien por estar considerados como tóxicos o peligrosos según la legislación vigente, no es conveniente que se eliminen con el resto de basuras domésticas:

a) Instalaciones de recogida neumática de residuos.
b) Contenedores de superficie o soterrados.
c) Puntos limpios.
d) Compostadores.

67. Cuál es el horario de verano del Punto Limpio fijo de Fuenlabrada:

a) De 9:00 a 14:00 horas.
b) De 8:00 a 15:00 horas.
c) De 9:30 a 14:30 horas y de 17:00 a 20:00 horas.
d) De 8:30 a 13:30 horas.

68. ¿Son admisibles los escombros en el Punto Limpio fijo de Fuenlabrada?

a) No, en ningún caso.
b) Sólo de reparaciones domiciliarias realizadas por el mismo vecino en cantidad no superior a 1 m³.
c) De cualquier tipo de obra en cantidad no superior a 10 m³.
d) Sí, sea cual sea su volumen.

69. En relación al Punto Limpio fijo de Fuenlabrada, es cierto que:

a) Podrán acceder vecinos de Fuenlabrada y de los municipios limítrofes.
b) Pueden hacer uso del punto limpio empresas y autónomos.
c) Está ubicado en la calle Canario esquina con avenida de la Cantueña.
d) Se admiten briks, latas de refrescos y conservas, botellas y botes de plástico, bolsas, embalajes plásticos, etc. en grandes cantidades.

70. ¿Qué día de la semana se habilita el punto limpio móvil de la calle Grecia, n.º 27?

a) Lunes.
b) Martes.
c) Jueves.
d) Sábado.

71. ¿Cuál es el horario de invierno de los Puntos Limpios móviles de Fuenlabrada?

a) De 9:00 a 13:45 horas.
b) De 8:30 a 14:00 horas.
c) De 9:30 a 14:30 horas.
c) De 8:00 a 13:00 horas.

72. ¿Cuál es la dimensión máxima aceptable en los puntos limpios móviles para los pequeños electrodomésticos, aparatos eléctricos y electrónicos?

a) 30 cm.
b) 50 cm.
c) 1 metro.
d) 1,20 metros.

73. En los puntos limpios móviles se aceptarán residuos de aceite usado de coche, siempre que se contengan en garrafas con una capacidad máxima de:

a) 5 litros.
b) 10 litros.
c) 20 litros.
d) 25 litros.

74. El horario de verano de los Puntos Limpios móviles de Fuenlabrada se aplicará entre:

a) El 1 de junio y el 30 de septiembre.
b) El 15 de junio y el 15 de septiembre.
c) El 1 de julio y el 31 de agosto.
d) El 21 de junio y el 20 de septiembre.

75. Cuál de los siguientes residuos NO es admisible en un punto limpio móvil:

a) Tintas y tóner.
b) Ropa.
c) Baterías de plomo.
d) Colchones.

Solución al test n.º 13

1. c) Sistema de recogida separada puerta a puerta.

2. c) 2.

3. b) Sistema móvil.

4. c) Basuras domésticas.

5. a) Pequeños envases contaminados.

6. b) Punto limpio móvil.

7. c) 600-1200 l/habitante/mes.

8. a) Un 15 y un 30 %.

9. d) Con el fin de incentivar la recogida separada, el punto de recogida deberá de estar más alejado que el punto de recogida no separada.

10. c) 195.000 tm/año.

11. a) Los envases de vidrio domiciliario.

12. d) Todas las respuestas son correctas.

13. a) Neumáticos.

14. d) Todas las respuestas son correctas.

15. b) Todos los miércoles por la mañana.

16. b) Sistema de recogida neumática.

17. d) Todas las respuestas son correctas.

18. d) Sistema estático.

19. a) Ahorro económico al usar el objeto depositado como materia prima y ahorrar así en su extracción y transformación.

20. d) Todas las respuestas son correctas.

21. d) Las respuestas a) y b) son correctas.

22. b) Puntos limpios colaboradores.

23. a) 50-100 habitantes/contenedor para áreas de acera y entre 150-250 para áreas de aportación en centros urbanos.

24. c) Las instalaciones permanecerán abiertas todos los días del año excepto fines de semana y festivos.

25. d) Todas las respuestas son correctas.

26. c) OCDE.

27. Ley 7/2022, de 8 de abril, de residuos y suelos contaminados para una economía circular.

28. d) Domésticos.

29. d) Además de las opciones a) y b), debe de gestionarlos de acuerdo con las obligaciones de los poseedores o productores de residuos.

30. c) Metales.

31. d) Productor.

32. b) Envase de plástico.

33. a) Los envases de vidrio.

34. b) Para piezas de automóvil.

35. c) Botellas de detergente.

36. a) Bolsas de basura.

37. b) Que es un producto que se puede reciclar.

38. c) Kraft.

39. b) 10 %.

40. a) 60 %.

41. c) Palet.

42. a) Se consideran residuos peligrosos.

43. b) 2008.

44. c) Batería.

45. d) Las opciones b) y c) son correctas.

46. d) En los seis tipos.

47. c) Papeles plastificados, encerados o metalizados.

48. c) Cenizas.

49. d) Juguetes de plástico.

50. d) Un tipo de papel para envases y embalajes.

51. c) Envases espumosos.

52. a) Papel y cartón.

53. a) Arena.

54. d) Verde.

55. b) Es reciclable.

56. c) Pomos de puertas.

57. a) Bolsas de papel.

58. c) Papeles metalizados.

59. c) Latas de conservas.

60. d) Utensilios plásticos de cocina.

61. d) Frascos de cosmética.

62. a) 5 fracciones.

63. d) Tipo VI.

64. b) Utensilios de vidrio: vasos, copas, jarras, figuras.

65. a) Botellas y frascos de vidrio de cualquier color.

66. c) Puntos limpios.

67. d) De 8:30 a 13:30 horas.

68. b) Sólo de reparaciones domiciliarias realizadas por el mismo vecino en cantidad no superior a 1 m³.

69. c) Está ubicado en la calle Canario esquina con avenida de la Cantueña.

70. d) Sábado.

71. a) De 9:00 a 13:45 horas.

72. b) 50 cm.

73. a) 5 litros.

74. c) El 1 de julio y el 31 de agosto.

75. d) Colchones.

TEST N.º 14

Ordenanzas municipales sobre la limpieza de las vías públicas y la recogida de residuos y de convivencia ciudadana. Guía de gestión de residuos municipales de Fuenlabrada

1. ¿En qué año se aprobó la vigente Ordenanza municipal sobre protección de los espacios públicos en relación con su limpieza y retirada de residuos?

a) 1994.
b) 2004.
c) 2009.
d) 2012.

2. ¿En cuántos títulos se estructura el articulado de la Ordenanza municipal sobre protección de los espacios públicos en relación con su limpieza y retirada de residuos?

a) 2.
b) 3.
c) 4.
d) 5.

3. Según su artículo 1, el objeto de la Ordenanza municipal sobre protección de los espacios públicos en relación con su limpieza y retirada de residuos es la regulación de las actividades dirigidas a la limpieza de los espacios públicos y recogida de desechos y residuos sólidos para conseguir las adecuadas condiciones de .... y ornatos urbanos. ¿Qué palabra falta en la frase anterior?

a) Estética.
b) Civismo.
c) Pulcritud.
d) Higiene.

4. La limpieza de las aceras en la longitud que corresponda a las fachadas de los edificios, tanto públicos como privados, estará a cargo de los empleados de fincas urbanas o el personal designado por la propiedad del inmueble, en una anchura mínima de:

a) 1 metro.
b) 2 metros.
c) 2,5 metros.
d) 3 metros.

5. Corresponde al servicio municipal competente la limpieza de:

a) Las aceras en toda su anchura y longitud.
b) Las calles que no sean de dominio público.
c) Solares de propiedad particular.
d) La red viaria pública.

6. Según el artículo 13 de la Ordenanza municipal sobre protección de los espacios públicos en relación con su limpieza y retirada de residuos, cuando se realice la limpieza de escaparates, puertas, marquesinas, toldos o cortinas de los establecimientos comerciales se adoptarán las debidas precauciones para no causar molestias a los transeúntes, ni ensuciar la vía pública, y si, no obstante, ésta fuera necesaria, los dueños del establecimiento están obligados a su limpieza, retirando los residuos resultantes. ¿Hasta qué hora están permitidas estas operaciones?

a) Desde la hora de apertura de los comercios hasta las 10 de la mañana.
b) Desde la hora de apertura de los comercios hasta las 11 de la mañana.
c) Desde la hora de apertura de los comercios hasta las 12 del mediodía.
d) Desde la hora de apertura de los comercios hasta las 8 de la tarde.

7. Según la Ordenanza municipal sobre protección de los espacios públicos en relación con su limpieza y retirada de residuos, es cierto que:

a) Por regla general, se permite realizar actos de propaganda o cualquier otra clase que suponga repartir o lanzar carteles, folletos u hojas sueltas.
b) Los titulares de los establecimientos, quioscos o puestos, así como los concesionarios de expendedurías de tabacos y lotería nacional, deberán instalar por su cuenta y cargo las papeleras necesarias; siendo responsables de la recogida de los residuos acumulados en las mismas.
c) Los propietarios de las fincas, viviendas y establecimientos están obligados a mantener en constante estado de limpieza la fachada y diferentes partes de los inmuebles que sean visibles desde la vía pública, de tal manera que se consiga una uniformidad en su estética acorde con su entorno urbano.
d) Cuando un inmueble haya sido objeto de pintadas o pegado de carteles, el Ayuntamiento procederá a su limpieza con cargo a la persona que resulte responsable.

8. Respecto a la retirada de residuos sólidos, es cierto según la Ordenanza municipal sobre protección de los espacios públicos en relación con su limpieza y retirada de residuos, que:

a) Los residuos podrán entregarse al personal encargado del barrido y riego de las calles.

b) Cualquier persona física o jurídica podrá dedicarse, libremente, a la recogida, transporte y aprovechamiento de los residuos sólidos.

c) Toda edificación del municipio donde se produzcan residuos sólidos existirán, conforme a las normas del Plan General de Ordenación Urbana y Ordenanzas que las desarrollen, un local con capacidad y dimensiones adecuadas para el almacenamiento de los mismos.

d) Los productores o poseedores de residuos potencialmente tóxicos o peligrosos o que por sus características puedan producir trastornos en el transporte y tratamiento quedan obligados a proporcionar al Ayuntamiento información completa sobre su origen, cantidad y características, siendo responsables en todo momento de cuantos daños se produzcan cuando se hubiere omitido o falseado aquella información.

9. Según la Ordenanza municipal sobre protección de los espacios públicos en relación con su limpieza y retirada de residuos, es cierto, respecto a los residuos domiciliarios, que:

a) Los residuos domiciliarios podrán depositarse a granel en el contenedor.

b) Los residuos líquidos deberán ser evacuados por la red de alcantarillado.

c) Si una entidad, pública o privada, tuviera por cualquier causa que desprenderse de residuos sólidos en cantidades mayores a las que constituyen la producción diaria normal, y no de forma frecuente, deberá presentarlos conjuntamente con los residuos habituales.

d) Las galerías y locales comerciales deberán contar con su propio cuarto de basuras donde deberán permanecer los recipientes hasta una hora antes de la recogida por el vehículo colector.

10. Según la Ordenanza municipal sobre protección de los espacios públicos en relación con su limpieza y retirada de residuos, es cierto que:

a) Queda terminantemente prohibido depositar en los recipientes normalizados destinados a residuos domiciliarios los escombros procedentes de cualquier clase de obras y derribos.

b) Cuando los contenedores de escombros se encuentren llenos de escombros se procederá, en plazo no superior a cuarenta y ocho horas, a su retirada y sustitución por otros vacíos.

c) Los muebles, enseres y objetos inútiles deberán depositarse en los espacios públicos para que sean retirados por los camiones colectores de la recogida domiciliaria.

d) Los cadáveres de animales de compañía muertos deberán inhumarse por los particulares antes de su depósito en bolsas de basura junto a los residuos domiciliarios.

11. Según la Ordenanza municipal sobre protección de los espacios públicos en relación con su limpieza y retirada de residuos, es cierto que:

a) La eliminación de animales muertos exime a los propietarios de la obligación de comunicar la baja del animal y las causas de su muerte.

b) Para los neumáticos de automóviles y todo tipo de vehículos, así como baterías y otros productos, el Ayuntamiento podrá establecer un servicio de recogida, directa o indirectamente, que, en ningún caso, podrá estar sujeta a tasa o precio público municipal.

c) Los dueños de establecimientos comerciales que tuvieran que desprenderse de alimentos deteriorados, conservas caducadas, etcétera, están obligados a entregar tales desechos al Ayuntamiento, proporcionando cuanta información sea necesaria tener en cuenta, a fin de efectuar una correcta eliminación.

d) Si la entrega de residuos clínicos se hace a persona física o jurídica que no posea la debida autorización, el productor será el único responsable de cualquier daño que se produzca a causa de aquellos y de las sanciones que proceda imponer.

12. Cuál de las siguientes se considera una infracción leve:

a) Abandonar muebles o enseres en la vía o espacios públicos.

b) La falta de limpieza de las calles particulares u otros espacios libres del mismo carácter.

c) Realizar actos de propaganda median el reparto o lanzamiento de carteles, folletos, hojas sueltas, etcétera, que ensucien los espacios públicos.

d) No proceder a la limpieza de las deyecciones de perros y otros animales.

13. Cuál de las siguientes se considera una infracción muy grave:

a) No retirar los contenedores en el plazo establecido.

b) Abandonar cadáveres de animales o su inhumación en terrenos de dominio público.

c) Verter basuras y escombros en solares y terrenos del término municipal.

d) Usar indebidamente o dañar los recipientes herméticos suministrados por el Ayuntamiento.

14. Cuál de los siguientes residuos es considerado por la Ordenanza municipal sobre protección de los espacios públicos en relación con su limpieza y retirada de residuos dentro de la sección "otros residuos":

a) Residuos procedentes de quirófanos, curas, etc.

b) Animales muertos.

c) Neumáticos y baterías de automóviles.

d) Vehículos abandonados.

15. ¿En cuántos títulos se estructura la Ordenanza de Convivencia Ciudadana del Ayuntamiento de Fuenlabrada?

a) 3.

b) 5.

c) 7.
d) 10.

16. De no producirse daño o molestias a otros vecinos, la Ordenanza de Convivencia Ciudadana, en su artículo 8, permite el riego en balcones y ventanas en el siguiente horario:

a) Entre las 6:00 y las 8:00, por la mañana, y entre las 23:00 y las 01:00, por la noche.
b) Entre las 7:00 y las 9:00, por la mañana, y entre las 21:00 y las 00:00, por la noche.
c) Entre las 7:30 y las 9:30, por la mañana, y entre las 22:00 y las 00:00, por la noche.
d) Entre las 6:30 y las 8:30, por la mañana, y entre las 21:30 y las 11:30, por la noche.

17. El artículo 12 de la Ordenanza de Convivencia Ciudadana, permite circular por los paseos de los parques y jardines, en bicicleta o con patines, sin necesidad de autorización expresa, siempre que la afluencia de público lo permita y no causen molestias a los usuarios de la zona, a:

a) Todos los usuarios.
b) Los usuarios empadronados en el municipio de Fuenlabrada.
c) Los menores de 14 años.
d) Los menores de edad.

18. A tenor de la Ordenanza de Convivencia Ciudadana, NO es cierto que:

a) La limpieza de las calles que no sean de dominio público, deberá llevarse a cabo por la propiedad, así como patios de luces, patios de manzana, zonas comunes, etcétera.
b) La limpieza de las aceras corresponde, en todo caso, a los servicios municipales.
c) La propiedad de las fincas, viviendas y establecimientos, está obligada a mantener limpia la fachada y las diferentes partes de los edificios que sean visibles desde la vía pública.
d) Quienes estén al frente de quioscos o puestos autorizados en la vía pública están obligados a mantener limpio el espacio en el que desarrollan su actividad y sus proximidades, durante todo el horario en que realicen la actividad, dejándolo limpio una vez finalizada ésta.

19. Respecto al tratamiento de los residuos, es cierto, según la Ordenanza de Convivencia Ciudadana, que:

a) En mercados, galerías de alimentación, supermercados, bares, restaurantes, etcétera, la retirada de los residuos se establecerá de manera especial, correspondiendo a los servicios municipales el barrido y limpieza de las zonas de aportación.
b) El Ayuntamiento asume la recepción y gestión de los residuos generados por pequeñas obras de reparación domiciliaria realizadas por los vecinos, que deberán transportarlos hasta el Punto Limpio por sus propios medios. Este derecho será aplicable a los residuos de obras realizadas por empresas o profesionales.

c) Los/as productores/as y las empresas dedicadas a la facilitación del contenedor o recipiente para su acumulación y/o transporte de dichos residuos están obligados a obtener las licencias y autorizaciones que correspondan, así como los permisos para la producción, transporte y eliminación de éstos. Se prohíbe la colocación de contenedores, sacas u otros recipientes en la vía pública sin identificar.

d) La vecindad deberá hacer buen uso de los contenedores, depositando exclusivamente los residuos sólidos urbanos, incluidos líquidos, escombros, enseres, animales muertos, y materiales en combustión.

20. Según el artículo 34 de la Ordenanza de Convivencia Ciudadana, la Autoridad Municipal podrá presumir razonablemente que un vehículo se encuentra en situación de abandono, cuando transcurra, desde que el vehículo haya sido depositado tras su retirada de la vía pública por la autoridad competente:

a) Un mes.
b) Dos meses.
c) Tres meses.
d) Seis meses.

21. El artículo 37 de la Ordenanza de Convivencia Ciudadana prohíbe dejar en patios, terrazas, galerías y balcones, animales que con sus sonidos, gritos o cantos perturben el descanso de los vecinos, en el siguiente horario:

a) Desde las 22 hasta las 8 horas, y entre las 15 y las 17 horas.
b) Desde las 21 hasta las 7 horas.
c) Desde las 23 hasta las 9 horas, y entre las 16 y las 17,30 horas.
d) Desde las 20 hasta las 8 horas.

22. En virtud de la Ordenanza de Convivencia Ciudadana, se considera una infracción leve:

a) Depositar residuos domiciliarios y asimilables a urbanos sin respetar los horarios establecidos.
b) Fumar o llevar el cigarro encendido en los vehículos de transporte público y en los edificios públicos, fuera de los lugares autorizados.
c) Consumir cualquier tipo de bebida alcohólica en la vía pública, a excepción de los lugares y momentos autorizados.
d) Colocar macetas u otros objetos que pudieran suponer riesgo para los transeúntes en los alféizares de las ventanas o balcones, cuando éstos carezcan de la protección adecuada.

23. Según la Ordenanza de Convivencia Ciudadana, se considera una falta muy grave:

a) Arrojar objetos o productos a las aguas de las fuentes, estanques, lagos o lagunas.
b) Abandonar en la vía pública o en los contenedores los restos de desbroces, podas, siegas, etcétera, de gran volumen.

c) Entrar o permanecer en los edificios e instalaciones públicas, en zonas no autorizadas o fuera de su horario de utilización o apertura.

d) Llevar animales sueltos o sin bozal, cuando exista esa obligación según lo establecido por esta ordenanza.

24. Según la Ordenanza de Convivencia Ciudadana, se considerará muy grave la comisión de tres faltas graves en un plazo que se extiende hasta:

a) Un mes.
b) Tres meses.
c) Seis meses.
d) Doce meses.

25. Según la Ordenanza de Convivencia Ciudadana, la multa por infracción leve oscilará entre:

a) 50 y 600 euros.
b) 60 y 300 euros.
c) 100 y 1000 euros.
d) 70 y 600 euros.

26. Según la Ordenanza de Convivencia Ciudadana, la sanción por una infracción muy grave podrá sustituirse por un tiempo de trabajos en beneficio de la comunidad, de:

a) 16 horas.
b) 24 horas.
c) 32 horas.
d) 48 horas.

27. Según el artículo 48 de la Ordenanza de Convivencia Ciudadana, notificada la resolución por la que se inicia el expediente sancionador, el denunciado dispondrá de un plazo para realizar el pago voluntario con reducción de la sanción de multa en un 50 %, o para formular las alegaciones y proponer o aportar las pruebas que estime oportunas, de:

a) 15 días naturales.
b) 20 días naturales.
c) 20 días hábiles.
d) 30 días naturales.

28. Conforme a la Guía de gestión de residuos municipales de Fuenlabrada, el horario para el depósito de los residuos orgánicos dentro de los contenedores es de:

a) 21 a 24 horas.
b) 20 a 23 horas.
c) 20,30 a 00,30 horas.
d) 21 a 2 horas.

29. El horario de depósito de los residuos de vidrio en el contenedor verde, es de:

a) 20:00 a 00:00 horas.
b) 20 a 23 horas.
c) 8 a 22 horas.
d) Las 24 horas del día.

30. Conforme a la Guía de gestión de residuos municipales de Fuenlabrada, podrá aceptarse como residuos de medicamentos:

a) Prótesis.
b) Gasas y/o apósitos.
c) Agujas y objetos cortantes.
d) Prospectos de medicamentos.

Solución al test n.º 14

1. a) 1994.

2. b) 3.

3. c) Pulcritud.

4. b) 2 metros.

5. d) La red viaria pública.

6. b) Desde la hora de apertura de los comercios hasta las 11 de la mañana.

7. c) Los propietarios de las fincas, viviendas y establecimientos están obligados a mantener en constante estado de limpieza la fachada y diferentes partes de los inmuebles que sean visibles desde la vía pública, de tal manera que se consiga una uniformidad en su estética acorde con su entorno urbano.

8. d) Los productores o poseedores de residuos potencialmente tóxicos o peligrosos o que por sus características puedan producir trastornos en el transporte y tratamiento quedan obligados a proporcionar al Ayuntamiento información completa sobre su origen, cantidad y características, siendo responsables en todo momento de cuantos daños se produzcan cuando se hubiere omitido o falseado aquella información.

9. d) Las galerías y locales comerciales deberán contar con su propio cuarto de basuras donde deberán permanecer los recipientes hasta una hora antes de la recogida por el vehículo colector.

10. a) Queda terminantemente prohibido depositar en los recipientes normalizados destinados a residuos domiciliarios los escombros procedentes de cualquier clase de obras y derribos.

11. c) Los dueños de establecimientos comerciales que tuvieran que desprenderse de alimentos deteriorados, conservas caducadas, etcétera, están obligados a entregar tales desechos al Ayuntamiento, proporcionando cuanta información sea necesaria tener en cuenta, a fin de efectuar una correcta eliminación.

12. b) La falta de limpieza de las calles particulares u otros espacios libres del mismo carácter.

13. a) No retirar los contenedores en el plazo establecido.

14. c) Neumáticos y baterías de automóviles.

15. c) 7.

16. a) Entre las 6:00 y las 8:00, por la mañana, y entre las 23:00 y las 01:00, por la noche.

17. c) Los menores de 14 años.

18. b) La limpieza de las aceras corresponde, en todo caso, a los servicios municipales.

19. c) Los/as productores/as y las empresas dedicadas a la facilitación del contenedor o recipiente para su acumulación y/o transporte de dichos residuos están obligados a obtener las licencias y autorizaciones que correspondan, así como los permisos para la producción, transporte y eliminación de éstos. Se prohíbe la colocación de contenedores, sacas u otros recipientes en la vía pública sin identificar.

20. b) Dos meses.

21. a) Desde las 22 hasta las 8 horas, y entre las 15 y las 17 horas.

22. a) Depositar residuos domiciliarios y asimilables a urbanos sin respetar los horarios establecidos.

23. b) Abandonar en la vía pública o en los contenedores los restos de desbroces, podas, siegas, etcétera, de gran volumen.

24. d) Doce meses.

25. b) 60 y 300 euros.

26. c) 32 horas.

27. a) 15 días naturales.

28. b) 20 a 23 horas.

29. c) 8 a 22 horas.

30. d) Prospectos de medicamentos.

Cómo acceder al Curso

Operario/a de Limpieza Viaria
Test del Temario

El uso de los códigos **es exclusivo de los compradores de los productos de Editorial MAD**. Cada producto posee un código único y de un solo uso. Es personal e intransferible y da acceso a servicios y contenidos adicionales. Editorial MAD se reserva el derecho de hacer cuantas comprobaciones sean necesarias para identificar al legítimo poseedor del código y dejar de dar servicio a quien haga uso fraudulento del mismo, además de emprender cuantas acciones legales estime oportunas según la legislación vigente.

Deberás acceder a:

mad.es/registro-campus

Si una vez aceptadas las condiciones de uso del Campus decides hacer uso del mismo, necesitarás del siguiente código de acceso junto con los códigos del resto de títulos que se exigen (si fuera el caso):

DPB8713ZHL